KI-Einsatz in der betrieblichen Praxis

Einleitung

Das Thema Künstliche Intelligenz (KI) nimmt mittlerweile einen prominenten Platz in der Öffentlichkeit und den Medien ein. Auch im Arbeitsleben gewinnt KI immer mehr an Bedeutung. Für Betriebsräte und Arbeitnehmer verbinden sich mit dem Thema häufig sowohl Hoffnungen als auch Vorbehalte, da KI die Arbeitswelt in hohem Maße verändert und noch verändern wird.

Diese Arbeitshilfe widmet sich den zentralen Fragen, die aus Sicht des Betriebsrats aber auch der Arbeitnehmer- und der Arbeitgeberseite im Zusammenhang mit der Einführung und Anwendung von KI relevant sein können. Zahlreiche Musterformulierungen und Praxistipps sollen dabei eine Umsetzung in der betrieblichen Praxis erleichtern. Mit Blick auf die zahlreichen technischen Begriffe im Zusammenhang mit Künstlicher Intelligenz ist zum besseren Verständnis ein Glossar beigefügt.

Aus Gründen der Lesbarkeit wurde auf das Gendern verzichtet. Die jeweils verwendeten Formulierungen beziehen sich ausdrücklich auf alle infrage kommenden Geschlechtsidentitäten.

Die Autoren

Dr. Stefan Müller
Rechtsanwalt und Fachanwalt für ArbR in Leipzig. Beratung, Vertretung und Schulung von Arbeitgebern, Arbeitnehmern, Betriebsräten, Gewerkschaften und Arbeitgeberverbänden im individuellen und kollektiven ArbR. Langjähriger Referent für Schulungen von Führungskräften, Personal- und Betriebsräten im ArbR. Autor zahlreicher arbeitsrechtlicher Publikationen zum individuellen und kollektiven ArbR.

Dr. Marc Becker
Rechtsanwalt in einer auf arbeitsrechtliche Beratung, Vertretung und Schulung von Arbeitgebern, Arbeitnehmern, Betriebsräten, Gewerkschaften und Arbeitgeberverbänden im individuellen und kollektiven ArbR spezialisierten Kanzlei in Leipzig. Langjähriger Referent für Schulungen von Führungskräften, Personal- und Betriebsräten im ArbR. Autor zahlreicher arbeitsrechtlicher Publikationen zum individuellen und kollektiven ArbR.

Inhaltsübersicht

Der Inhalt der 1. Auflage entspricht dem Inhalt der Online-Edition 42/2026

betriebsrat-plus.beck.de
vahlen.de

ISBN 978 3 8006 8087 0

Wilhelmstraße 9, 80801 München
info@vahlen.de
Druck und Bindung: Himmer GmbH
Steinerne Furt 95, 86167 Augsburg

Redaktion: Sandra Eden, Ass. jur., Verlag Franz Vahlen GmbH, München

Satz: Druckerei C.H.Beck, Nördlingen
Umschlag: Martina Busch, Grafikdesign, Homburg Saar

vahlen.de/nachhaltig
produktsicherheit.vahlen.de

Gedruckt auf säurefreiem, alterungsbeständigem Papier
(hergestellt aus chlorfrei gebleichtem Zellstoff)

I. Allgemeines

In diesem Kapitel werden die zentralen Grundlagen zum Einsatz von Künstlicher Intelligenz (KI) im Betrieb erläutert. Es geht um die Frage, was unter KI zu verstehen ist und welche rechtlichen Rahmenbedingungen gelten. Zudem wird geklärt, welche Rollen KI im Arbeitsverhältnis einnehmen kann und welche typischen Einsatzfelder, Chancen, Risiken und Grenzen der Nutzung im Betrieb bestehen. Alle verwendeten Fachbegriffe werden unter → *Muster 1: Glossar* erläutert.

1. Was versteht man unter Künstlicher Intelligenz (KI)?

In Art. 3 Nr. 1 der KI-VO wird definiert, was unter einem **KI-System** im Sinne der KI-VO zu verstehen ist. Darunter fällt

- ein **maschinengestütztes** System,
- das für einen in wechselndem Maße **autonomen Betrieb** ausgelegt ist,
- **nach seiner Einführung anpassungsfähig** sein kann
- und das in der Lage ist, **aus den erhaltenen Eingaben abzuleiten**, wie Ausgaben (zB Vorhersagen, Inhalte, Empfehlungen oder Entscheidungen) **erstellt werden**. Diese Ergebnisse müssen dann physische oder virtuelle Umgebungen beeinflussen können.

Hauptmerkmal eines KI-Systems in diesem Sinne ist die Fähigkeit, **sich während des Einsatzes** selbst **zu verändern/anzupassen** (Veränderungs-/Anpassungskomponente) und **Schlussfolgerungen** aus empfangenen Daten **abzuleiten** (Ableitungskomponente).

Beispiel

KI-Systeme iSd KI-VO:

- *ChatGPT*
- *Systeme zur Erkennung von Übermüdung bei Lastwagen- bzw. Kfz-Fahrern*
- *Autonome Fahrzeuge, die Entscheidungen in Echtzeit treffen, um sicher durch den Verkehr zu navigieren*
- *Gesichtserkennungssysteme mit automatischer Gesichtsanalyse*
- *KI-basierte Chatbots, die in Kundenservice-Anwendungen eingesetzt werden, um Anfragen zu beantworten und Empfehlungen zu geben*
- *Personalmanagementsysteme, die ua anhand von Personaldaten und weiteren Daten (zB Kundenfrequenz, Umsatzerwartung, Wettervorhersage) den Personalbedarf ermitteln und Personaleinsatzpläne generieren*
- *Medizinische Diagnosewerkzeuge, die auf Basis von Datenanalysen Vorhersagen über Krankheitsverläufe treffen*

Allerdings ist die gesetzliche Definition in Art. 3 Nr. 1 KI-VO zunächst nur für die in der KI-VO verwendete Begrifflichkeit „KI-System“ relevant. Eine über die KI-VO hinausgehende, allgemein für das Arbeitsrecht geltende **gesetzliche Definition** von Künstlicher Intelligenz (KI) gibt es bislang nicht. Im BetrVG wird zwar an einigen Stellen der Begriff „Künstliche Intelligenz“ verwendet, er wird aber auch hier nicht näher definiert (→ *Frage 2: Ist der Begriff der KI im BetrVG definiert?*). Unter den **Begriff** der KI fällt **allgemein** die Fähigkeit einer Maschine, menschliche Fertigkeiten bzw. Fähigkeiten wie Lernen, Planen, logisches Denken zu simulieren. Entsprechende KI-basierte Systeme können sowohl in physischen Geräten verbaut sein (zB Roboter oder autonom fahrenden Pkws) bzw. softwarebasiert im virtuellen Raum agieren (zB Spracherkennungssysteme, Bildanalysesoftware).

Weitestgehend Einigkeit besteht darüber, dass KI (lediglich) ein **technisches Hilfsmittel** darstellt, das **keine eigene Rechtspersönlichkeit** hat und damit selbst weder Träger von Rechten noch von Pflichten sein kann (Schaub ArbR-HdB/Linck § 45 Rn. 1; Müller/Becker/Funke/Müller, KI im Arbeitsverhältnis, § 2 Rn. 94).

2. Ist der Begriff der KI im BetrVG definiert?

Im BetrVG wird der Begriff der „Künstlichen Intelligenz" zwar an mehreren Stellen verwendet, aber nicht näher definiert, und zwar in

- § 80 Abs. 3 BetrVG: Hinzuziehung von Sachverständigen (→ *Frage 40: Ist im BetrVG die Hinzuziehung eines KI-Sachverständigen für den Betriebsrat geregelt?*)
- § 90 Abs. 1 Nr. 3 BetrVG: Arbeitsverfahren und Arbeitsabläufe (→ *Frage 35: Über was muss der Arbeitgeber gem. § 90 Abs. 1 Nr. 3 BetrVG in Bezug auf KI unterrichten?*)
- § 95 Abs. 2a BetrVG: Auswahlrichtlinien (→ *Frage 68: Welche Rolle kann KI bei Auswahlrichtlinien spielen?*).

Der Gesetzgeber verfolgt im BetrVG einen technologieoffenen Ansatz; jedenfalls fällt der in Art. 3 Nr. 1 KI-VO verwendete Begriff des KI-Systems unter den im BetrVG verwendeten KI-Begriff (Müller/Becker/Funke/Becker, KI im Arbeitsverhältnis, § 4 Rn. 4 f.). KI-Anwendungen, die (noch) nicht die Voraussetzungen eines KI-Systems iSv Art. 3 Nr. 1 KI-VO erfüllen, fallen regelmäßig über das in § 87 Abs. 1 Nr. 6 BetrVG verankerte Mitbestimmungsrecht (→ *Frage 57: Ist eine KI eine „technische Einrichtung" gem. § 87 Abs. 1 Nr. 6 BetrVG?*) und werden jedenfalls darüber vom BetrVG erfasst.

3. Gilt für das BetrVG ein eigenständiger KI-Begriff?

Nein, für das BetrVG gilt kein eigenständiger KI-Begriff (→ *Frage 2: Ist der Begriff der KI im BetrVG definiert?*).

4. Welche rechtlichen Grundlagen gelten für den Einsatz von KI?

Bei dem Einsatz von KI im Arbeitsverhältnis sind insbesondere die Regelungen

- der KI-VO und
- der DS-GVO

zu berücksichtigen.

Dabei verfolgt die KI-VO einen **risikobasierten Ansatz** und unterscheidet KI-Systeme (zum Begriff → *Frage 1: Was versteht man unter Künstlicher Intelligenz (KI)?*) mit folgenden Risikostufen (→ *Muster 2: Klassifizierung von KI-Systemen nach Risikogruppen der KI-VO - Überblick*):

- KI-Systeme mit unannehmbarem Risiko (Art. 5 Abs. 1 lit. a und f KI-VO): Absolutes Verbot
- Hochrisiko-KI-Systeme (Art. 6 KI-VO): Starke Regulierung
- KI-Systeme mit begrenztem Risiko (Art. 50 KI-VO): Transparenzpflichten
- KI-Systeme mit minimalem Risiko: keine besonderen Verpflichtungen

Bei allen KI-Systemen müssen Betreiber zudem – unabhängig von der Risikostufe des jeweils eingesetzten Systems – seit dem 2.2.2025 gemäß Art. 4 KI-VO sicherstellen, dass das mit dem KI-System befasste Personal über ein ausreichendes Maß an **KI-Kompetenz** verfügt, zB durch Schulungen über den KI-Einsatz (vgl. Müller/Becker/Funke/Funke, KI im Arbeitsverhältnis, § 1 Rn. 90 ff. mwN).

Im Rahmen der DS-GVO ist im Zusammenhang mit dem Einsatz von KI – neben den allgemeinen datenschutzrechtlichen Verpflichtungen – insbesondere das in Art. 22 Abs. 1 DS-GVO verankerte **Verbot automatisierter Entscheidungen** zu beachten. Danach darf ein Arbeitnehmer einer ausschließlich auf einer automatisierten Verarbeitung beruhenden Entscheidung grds. nicht unterworfen werden, die ihm gegenüber „rechtliche Wirkung entfaltet" oder die ihn „in ähnlicher Weise erheblich beeinträchtigt". Allerdings kann KI auch im Arbeitsverhältnis im Rahmen von Vorbereitungshandlungen (zB Sichtung von Bewerbungsunterlagen) eingesetzt werden (vgl. Müller/Becker/Funke/Funke, KI im Arbeitsverhältnis, § 1 Rn. 199 ff. mwN; → *Frage 14: Dürfen Arbeitgeberentscheidungen mittels KI automatisiert werden?*).

Darüber hinaus hat der Arbeitgeber bei einem KI-Einsatz im Betrieb als Verantwortlicher geeignete **technische und organisatorische Maßnahmen („TOM")** zu treffen, um ein dem Risiko angemessenes Datenschutzniveau zu gewährleisten und die Rechte der betroffenen Personen, dh der Arbeitnehmer, zu schützen (Art. 25, 32 DS-GVO).

Beispiel

- *Sicherstellen, dass keine unerlaubte Nutzung von KI-Anwendungen erfolgen kann*
- *Datensparsamkeit: Sicherstellen, dass nur erforderliche personenbezogene Daten verarbeitet werden bzw. Nutzung von KI möglichst ganz ohne personenbezogene Daten.*

5. Kann KI „Arbeitnehmer" gem. § 5 BetrVG sein?

KI ist ein technisches Hilfsmittel. Es hat keine eigene Rechtspersönlichkeit (→ *Frage 1: Was versteht man unter Künstlicher Intelligenz (KI)?*) und kann daher auch kein Arbeitnehmer im Sinne von § 5 BetrVG sein.

6. Kann KI „Arbeitgeber" sein?

Mangels Rechtspersönlichkeit (→ *Frage 1: Was versteht man unter Künstlicher Intelligenz (KI)?*) kann KI weder Partei eines Arbeitsvertrages noch Träger von Rechten und Pflichten aus dem Arbeitsverhältnis sein. KI kann daher auch kein Arbeitgeber sein.

7. Hat der Einsatz von KI Auswirkungen auf den Betriebsbegriff?

Ein Betrieb iSd Betriebsverfassung ist die organisatorische Einheit, innerhalb derer ein Arbeitgeber allein oder mit seinen Arbeitnehmern mit Hilfe von technischen und immateriellen Mitteln bestimmte arbeitstechnische Zwecke fortgesetzt verfolgt (zuletzt BAG 23.11.2016 – 7 ABR 3/15; Fitting BetrVG § 1 Rn. 93 mwN). Das wesentliche Kriterium für einen Betrieb ist **der einheitliche Leitungsapparat**, durch den die in einer Arbeitsstätte vorhandenen materiellen und immateriellen Betriebsmittel gezielt eingesetzt werden und der Einsatz der menschlichen Arbeitskraft gesteuert wird. Die einheitliche Leitung muss sich dabei auf die wesentlichen Funktionen des Arbeitgebers in sozialen und personellen Angelegenheiten erstrecken (Fitting BetrVG § 1 Rn. 101 mwN).

KI bzw. KI-Systeme können zwar Bestandteil dieser organisatorischen Einheit sein und im Rahmen des Leitungsapparates eine **unterstützende (Hilfs-) Funktion** einnehmen und somit als Hilfsmittel bei der Ausübung der Leitungsmacht, zB im Rahmen der Weisungserteilung, dienen (vgl. etwa LAG Hessen 10.2.2025 – 16 TaBV 30/24). Allerdings kann ein KI-System den für einen Betrieb erforderlichen Leitungsapparat nicht ersetzen. Dieser muss mit Menschen besetzt sein. Einem rein KI-basierten Leitungsapparat stünde bereits das in Art. 22 Abs. 1 DS-GVO verankerte **Verbot automatisierter Entscheidungen** (→ *Frage 4: Welche rechtlichen Grundlagen gelten für den Einsatz von KI?*) entgegen.

8. Welche Anwendungsbereiche gibt es für KI im Betrieb?

Die möglichen Anwendungsbereiche für KI im Betrieb sind vielfältig (vgl. etwa Müller/Becker/Funke/Funke, KI im Arbeitsverhältnis, § 1 Rn. 15 ff.). KI kann ua im Rahmen von **Datenanalysen** zur Vorbereitung von unternehmerischen Entscheidungen eingesetzt werden, insbesondere im Bereich des Personalmanagements (oft als sog. **„People Analytics"** bezeichnet).

Im Bewerbungsverfahren können KI-gestützte Systeme die eingereichten Bewerbungsunterlagen sichten, sortieren bzw. auf Vollständigkeit prüfen. **Chatbots** können Standardfragen von Bewerbern bzw. Arbeitnehmern zum Bewerbungsverfahren bzw. Arbeitsverhältnis beantworten.

Der Einsatz von KI kann die Schicht- und Dienstplanung unterstützen bzw. erleichtern. KI kann von den Arbeitnehmern auch sonst als **Arbeitsmittel** eingesetzt werden und zB zur Erstellung, Zusammenfassung bzw. Auswertung von Texten, Protokollen bzw. Vertragsentwürfen genutzt werden. Darüber hinaus können durch den Einsatz von KI auch Sicherheit und Gesundheitsschutz der Beschäftigten im Betrieb verbessert werden und KI insoweit als **Instrument des Arbeitsschutzes** dienen (→ *Frage 22: Welche Auswirkungen hat ein KI-Einsatz auf den Arbeitsschutz?*). KI kann auch bei der Durchführung arbeitsschutzrechtlicher Unterweisungen nach § 12 ArbSchG zum Einsatz kommen (→ *Frage 23: Kann mittels KI eine arbeitsschutzrechtliche Unterweisung vorgenommen werden?*). Darüber hinaus kann KI eingesetzt werden, um eine **Leistungs- bzw. Verhaltensbewertung** oder gar eine **Überwachung** von Arbeitnehmern vorzunehmen (→ *Frage 16: Kann KI vom Arbeitgeber zur Arbeitnehmerüberwachung eingesetzt werden?*).

9. Welche Vor- und Nachteile kann der Einsatz von KI im Betrieb haben?

Der Einsatz von KI kann sowohl aus Sicht des Arbeitgebers als auch aus Arbeitnehmersicht durchaus **Vorteile** bieten. KI bzw. KI-Systeme können ua mit einer Effizienzsteigerung bzw. **Zeitersparnis** verbunden sein. Informationen können schneller bzw. niederschwelliger zur Verfügung gestellt werden und **Arbeitsprozesse effizienter** gestaltet werden. So kann die KI wiederholende, langweilige bzw. zeitintensive Tätigkeiten (zB Routinearbeiten) übernehmen und die Arbeitnehmer insoweit entlasten, damit sich diese auf andere, anspruchsvollere Aufgaben konzentrieren können. Der KI-Einsatz kann eine schnellere und damit zeit- bzw. kostensparende **Analyse großer Datenmengen** ermöglichen und die **Automatisierung** komplexer Prozesse unterstützen sowie Arbeitnehmer entlasten.

Auf der anderen Seite sind aber auch die möglichen **Nachteile** eines KI-Einsatzes zu beachten. Der Einsatz von KI kann nicht nur eine umfassende **Kontrolle und Überwachung** von Leistung bzw. Verhalten der betroffenen Arbeitnehmer ermöglichen. Der KI-Einsatz kann auch zum **Wegfall oder der Umgestaltung von Arbeitsplätzen** und den damit verbundenen Nachteilen führen. Zudem kann der Einsatz von KI zu **Datenschutzverletzungen** aber auch zur (unbeabsichtigten) Weitergabe von geheimhaltungsbedürftigen Informationen führen. Darüber hinaus besteht das Risiko, dass Arbeitnehmer die (Recherche-) Ergebnisse einer KI blind übernehmen. In diesem Zusammenhang ist zu sehen, dass die Qualität von KI-Ergebnissen von der Qualität und Quantität der Daten abhängt, mit denen die KI trainiert wurde. Daher kann eine KI zB bei unzureichenden bzw. **problematischen Trainingsdaten** Vorurteile übernehmen und ggfs. auch zu falschen bzw. diskriminierenden Ergebnissen kommen. Darüber hinaus kann ein KI-Output **Urheberrechte verletzten**. Zudem ist zu beachten, dass eine KI den „wahrscheinlichsten Output" generiert. Dieser kann aber nicht nur falsch, sondern auch wahrheitswidrig sein (sog. **Halluzinationen**). Unter Berücksichtigung dieser Risiken sollten auch die von einem Chatbot vorgeschlagenen Textquellen nicht ungeprüft übernommen werden.

Praxistipp

Bei der Einführung von KI sollten Arbeitgeber und Betriebsrat nicht nur die Vorteile des KI-Einsatzes im Blick haben, sondern auch die möglichen Nachteile berücksichtigen. Soweit es zum Abschluss einer KI-Vereinbarung kommt, sollte der Betriebsrat durch entsprechende Regelungen darauf hinwirken, dass die mit dem Einsatz der KI im Raum stehenden Nachteile möglichst gering gehalten bzw. ausgeschlossen werden.

10. Sind bestimmte Praktiken oder Funktionen von KI (im Arbeitsverhältnis) unzulässig?

Im Arbeitsverhältnis ist zu beachten, dass auch hier der Einsatz von **KI-Systemen mit unannehmbarem Risiko** (vgl. Art. 5 Abs. 1 lit. a und f KI-VO) generell untersagt ist.

Beispiel

Verbotene Praktiken bzw. Funktionen von KI (zahlreiche weitere Beispiele ua bei Müller/Becker/Funke/Funke, KI im Arbeitsverhältnis, § 1 Rn. 60 ff.):

- *Analyse von Sprachmustern, Gesichtsausdruck, Herkunftsort und Interessen und damit einhergehende Einstufung von Bewerbern danach, wie wahrscheinlich es ist, dass diese eine Straftat begehen*
- *KI-Systeme, die Datenbanken zur Gesichtserkennung durch das ungezielte Auslesen von Gesichtsbildern aus dem Internet oder von Überwachungsaufnahmen erstellen oder erweitern*
- *Einsatz eines KI-gestützten Tools zur Mitarbeiterführung, welches gezielt mit subliminalen*

Reizen (Farben, Mikroanimationen, Musik) arbeitet, um Mitarbeiter zu Überstunden oder zur Kündigung zu bewegen
- *Nutzung eines HR-Tools (zB Chatbot), um Arbeitnehmer zu bestimmten Entscheidungen zu „nudgen" zB Arbeiten trotz Krankschreibung*
- *KI-basierte Feedback-Funktion in HR-Systemen lässt Mitarbeitenden mit Sprachbeeinträchtigung regelmäßig negative Rückmeldungen zukommen („Verständnisproblem erkannt"), was eine Selbstabwertung bzw. freiwillige Kündigung zur Folge hat.*

Darüber hinaus sind Praktiken bzw. Funktionen von KI auch im Arbeitsverhältnis immer dann unzulässig, wenn sie gegen geltende Regelungen im **Arbeitsvertrag** bzw. gegen geltende **Tarifverträge** oder **Betriebsvereinbarungen** verstoßen. Schließlich müssen bei einem KI-Einsatz neben der KI-VO auch alle weiteren zwingenden **gesetzlichen Vorgaben**, insbesondere die Vorgaben des Datenschutzrechts, zB das Verbot automatisierter Entscheidungen, eingehalten werden (→ *Frage 4: Welche rechtlichen Grundlagen gelten für den Einsatz von KI?*).

II. Einsatz von KI im Betrieb – Einführung und Verwendung

In diesem Kapitel geht es darum, unter welchen Voraussetzungen KI im Betrieb eingeführt und genutzt werden kann und welche Rechte und Pflichten sich daraus für Arbeitgeber und Arbeitnehmer ergeben. Behandelt werden Mitbestimmungsfragen, mögliche Anwendungszwecke, Grenzen des KI-Einsatzes sowie Auswirkungen auf Vergütung, Qualifizierung und Arbeitsschutz. Außderdem wird erläutert, inwieweit Entscheidungen oder Weisungen automatisiert erfolgen dürfen, wer die Kosten trägt und welche Haftungsfragen sich im Zusammenhang mit KI ergeben.

11. Auf welcher Grundlage kann der Arbeitgeber KI im Betrieb einführen?

Die Einführung von KI im Betrieb kann vom **Weisungsrecht** des Arbeitgebers (§ 106 Gewerbeordnung) umfasst sein. Darüber hinaus kann die Einführung von KI im Betrieb auch auf entsprechenden Vorgaben in einem **Gesetz** bzw. in Umsetzung zwingender Normen aus einem geltenden **Kollektivvertrag** (Tarifvertrag / Betriebsvereinbarung) beruhen. In der Praxis wird die Einführung einer KI im Betrieb häufig auf einer entsprechenden, mit dem Betriebsrat abgeschlossenen Betriebsvereinbarung beruhen (→ *Frage 94: Welche Inhalte sollte eine KI-Betriebsvereinbarung haben?*).

12. Können Arbeitnehmer durch Weisung zur Nutzung von KI verpflichtet werden?

Unter Beachtung der **Grenzen des Weisungsrechts**, insbesondere der geltenden gesetzlichen Bestimmungen sowie der geltenden Tarifverträge und Betriebsvereinbarungen, kann der Arbeitgeber die Arbeitnehmer grundsätzlich gemäß § 106 Gewerbeordnung anweisen, bei der Erbringung der Arbeitsleistung bzw. bei Erfüllung sonstiger arbeitsvertraglicher Pflichten, KI zu nutzen bzw. die vereinbarte Arbeit mittels KI zu leisten (vgl. ArbG Hamburg 16.1.2024 – 24 BVGa 1/24, NZA-RR 2024, 138 Rn. 25 mit Anm. Möllenkamp; Müller/Becker/Funke/Müller, KI im Arbeitsverhältnis, § 2 Rn. 2 mwN).

Allerdings muss dem angewiesenen Arbeitnehmer die Befolgung einer Weisung zur KI-Nutzung auch **zumutbar** sein. Dies beurteilt sich insbesondere danach, ob er überhaupt in der Lage ist, entsprechend der Weisung zu handeln. Soweit dem Arbeitnehmer die für die Nutzung der KI erforderlichen Fähigkeiten, Fertigkeiten bzw. Kenntnisse fehlen, kann sich die Weisung aus Zumutbarkeitsgesichtspunkten als unbillig und damit als unwirksam darstellen, wenn

- ein Anspruch des Arbeitnehmers auf **KI-Weiterbildung** bzw. KI-Qualifizierung besteht (→ *Frage 20: Besteht ein Anspruch des Arbeitnehmers auf KI-Weiterbildung bzw. KI-Qualifizierung?*) und
- der Arbeitgeber diesen Anspruch nicht erfüllt (vgl. Müller/Becker/Funke/Müller, KI im Arbeitsverhältnis, § 2 Rn. 30).

Praxistipp

*Auch wenn das Weisungsrecht den Arbeitgeber dazu berechtigt, die Nutzung von KI im Betrieb anzuweisen, muss er dabei die bestehenden **Beteiligungs- bzw. Mitbestimmungsrechte** des Betriebsrats beachten (→ Frage 13: Sind bei der Einführung von KI im Betrieb Mitbestimmungsrechte des Betriebsrats zu beachten?). Der Betriebsrat kann dann versuchen, die arbeitgeberseitige Entscheidung zur Einführung und Nutzung von KI im Betrieb und deren Umsetzung mittels entsprechender Anweisung der betroffenen Arbeitnehmer im Rahmen der Mitbestimmung zu Fall zu bringen bzw. einzuschränken.*

13. Sind bei der Einführung von KI im Betrieb Mitbestimmungsrechte des Betriebsrats zu beachten?

Die Einführung von KI im Betrieb löst regelmäßig Beteiligungs- bzw. Mitbestimmungsrechte des Betriebsrats aus. Insbesondere kann der Einsatz von KI zu mitbestimmungspflichtigen **Versetzungen** führen (→ *Frage 79: Kann die Einführung oder Anwendung eines KI-Systems eine Versetzung darstellen?*). Darüber hinaus kommen Mitbestimmungsrechte des Betriebsrats in **sozialen Angelegenheiten** (→ *Frage 52: Welche Mitbestimmungstatbestände gem. § 87 BetrVG haben eine besondere Bedeutung im Zusammenhang mit KI?*) sowie in **wirtschaftlichen Angelegenheiten** (→ *Frage 83: Kann der Einsatz von KI zu einer Mitbestimmung in wirtschaftlichen Angelegenheiten führen?*) in Betracht.

14. Dürfen Arbeitgeberentscheidungen mittels KI automatisiert werden?

Der Arbeitgeber kann KI einsetzen, um Entscheidungen im Zusammenhang mit der Begründung, Durchführung und Beendigung von Arbeitsverhältnissen vorzubereiten bzw. umzusetzen. Allerdings ist in allen Phasen des Arbeitsverhältnisses das in Art. 22 Abs. 1 DS-GVO verankerte **Verbot automatisierter Entscheidungen** zu beachten (dazu u. a. Müller/Becker/Funke/Funke, KI im Arbeitsverhältnis, § 1 Rn. 199 ff.).

Danach darf ein Arbeitnehmer einer ausschließlich auf einer automatisierten Verarbeitung beruhenden Entscheidung grds. nicht unterworfen werden, die ihm gegenüber „rechtliche Wirkung entfaltet" oder die ihn „in ähnlicher Weise erheblich beeinträchtigt". Soweit arbeitgeberseitige Entscheidungen im Arbeitsverhältnis zu einer **erheblichen Beeinträchtigung von Rechtspositionen** der betroffenen Arbeitnehmer führen (zB Entscheidung über die Kündigung von Arbeitsverhältnissen), darf daher die KI nur zur Vorbereitung der arbeitgeberseitigen Entscheidung eingesetzt werden. Ein menschlicher Entscheidungsträger muss dann die von der KI vorbereitete Entscheidung fachlich prüfen und letztlich eine eigene Entscheidung treffen.

15. Inwieweit können Weisungen mittels KI erteilt werden?

KI kann nicht nur als (bloßes) Kommunikationsmittel eingesetzt werden, um Arbeitnehmern Weisungen menschlicher Vorgesetzter zu übermitteln. Der Arbeitgeber kann KI auch einsetzen, die unter konkret vordefinierten Bedingungen („Wenn-Dann-Programmierung") Weisungen generiert und den anzuweisenden Arbeitnehmern elektronisch übermittelt (sog. automatisierte Willenserklärung / Computererklärung). Allerdings ist umstritten, ob eine derartige **automatisierte Weisungserteilung** rechtlich zulässig ist. Teilweise wird vertreten, dass eine Weisungserteilung mittels KI von vornherein rechtlich unzulässig ist; nach anderer Ansicht sind auch die von einer KI autonom generierten und abgegebenen Weisungen zulässig (vgl. dazu Müller/Becker/Funke, KI im Arbeitsverhältnis, § 6 Rn. 119). Allerdings muss auch eine KI-generierte Weisung dem in § 106 S. 1 GewO verankerten Billigkeitserfordernis genügen.

Praxistipp

Aus Arbeitgebersicht kann in Betracht gezogen werden, weisungserteilende KI-Systeme mit einer Remonstrationsfunktion auszustatten und die Arbeitnehmer anzuweisen, hiervon Gebrauch zu machen, sollte eine KI-Weisung ihrer Ansicht nach unbillig bzw. aus einem sonstigen Grund unwirksam sein.

Ein im Rahmen der Weisungserteilung eingesetztes KI-System ist im Regelfall als **Hochrisiko-KI-System** gem. Art. 6 Abs. 1 iVm Anh. III Nr. 4 lit. b KI-VO einzustufen. Der Arbeitgeber hat dann die in der KI-VO für den Einsatz dieser Systeme nach Art. 6 KI-VO vorgesehenen besonderen Pflichten zu erfüllen (dazu Müller/Becker/Funke/Funke, KI im Arbeitsverhältnis, § 1 Rn. 122 ff.).

Sofern der Arbeitgeber Gebrauch von automatisierten Entscheidungen (hier: einer mittels KI-Einsatz automatisierten Weisung) macht, muss er die betroffene Person (hier: den mittels KI angewiesenen Arbeitnehmer) gem. Art. 13 Abs. 2 lit. f DS-GVO und Art. 14 Abs. 2 lit. g DS-GVO über die involvierte Logik sowie die Tragweite und die angestrebten Auswirkungen einer derartigen Datenverarbeitung **informieren**. Darüber hinaus besteht nach Art. 86 KI-VO das **Recht** des betroffenen Arbeitnehmers **auf Erläuterung** der Entscheidungsfindung im Einzelfall.

16. Kann KI vom Arbeitgeber zur Arbeitnehmerüberwachung eingesetzt werden?

KI bietet dem Arbeitgeber eine technische Möglichkeit, Leistung bzw. Verhalten von Arbeitnehmern zu überwachen. Allerdings ist eine Arbeitnehmerüberwachung nur in engen rechtlichen Grenzen zulässig.

Eine Überwachungsmaßnahme muss zunächst den **Vorgaben des Datenschutzes** entsprechen. Dabei wurden Überwachungsmaßnahmen bislang, auch vom BAG, regelmäßig nach Maßgabe von § 26 Abs. 1 S. 1 BDSG beurteilt; allerdings hat sich insoweit die Sichtweise geändert. Es wird vermehrt darauf hingewiesen, dass diese Vorschrift nicht den Anforderungen des Art. 88 DS-GVO entspricht und daher keine Anwendung finden kann. Vielmehr sei die Zulässigkeit von (verdeckten) Überwachungsmaßnahmen nunmehr nach Maßgabe von Art. 5 und 6 DS-GVO zu beurteilen. Dabei kommt als **allgemeiner Erlaubnistatbestand** Art. 6 Abs. 1 UAbs. 1 lit. f DS-GVO in Betracht. Danach ist zwischen den Kontrollinteressen des Arbeitgebers und den mit der Überwachung verbundenen Eingriffen in das allgemeine Persönlichkeitsrecht des Arbeitnehmers abzuwägen (LAG Hamm 28.5.2025 – 18 SLa 959/24; Schaub ArbR-HdB/Rinck § 153 Rn. 9 mwN).

Umstritten ist, ob mit der Geltung der DS-GVO und den hier geltenden Transparenz- und Informationspflichten **verdeckte (heimliche) Arbeitnehmerüberwachungen** zulässig sind. Einerseits wird vertreten, dass bei jeglicher Arbeitnehmerüberwachung dem betroffenen Arbeitnehmer – vor Beginn der Überwachung (!) – der Umstand und die Art und Weise der Überwachung mitzuteilen und daher eine heimliche Überwachung unzulässig ist (vgl. u. a. BeckOGK/Maschmann GewO § 106 Rn. 232). Nach anderer Ansicht kommen auch weiterhin heimliche (verdeckte) Überwachungen **in engen Ausnahmefällen** in Betracht. Unter Heranziehung der bisherigen Rspr. des BAG zur verdeckten Videoüberwachung wird man dafür verlangen müssen (vgl. MHdB ArbR/Rachor § 130 Rn. 99 mwN), dass

- der **konkrete Verdacht einer strafbaren Handlung** oder einer anderen schweren Verfehlung zulasten des Arbeitgebers besteht,
- weniger einschneidende, **mildere Mittel** zur Aufklärung des Verdachts **ausgeschöpft** sind oder keinen Erfolg versprechen – zB bei Ladenangestellten der Einsatz von Ladendetektiven – und
- die verdeckte Überwachung praktisch das **einzig verbleibende Mittel** darstellt und insgesamt **nicht unverhältnismäßig** erscheint.

Neben den Vorgaben des Datenschutzes sind auch die **Mitbestimmungsrechte des Betriebsrats** zu beachten. Wenn der Einsatz von KI geeignet ist, Leistung bzw. Verhalten von Arbeitnehmern zu überwachen, wird regelmäßig ein Mitbestimmungsrecht nach § 87 Abs. 1 Nr. 6 BetrVG bestehen (→ *Frage 57: Ist eine KI eine „technische Einrichtung" gem. § 87 Abs. 1 Nr. 6 BetrVG?*; → *Frage 59: Welchen Umfang hat die Mitbestimmung gem. § 87 Abs. 1 Nr. 6 BetrVG im Zusammenhang mit KI?*).

17. Hat der Einsatz von KI im Betrieb Auswirkungen auf die Vergütung der Arbeitnehmer?

Die Vergütungspflicht aus dem Arbeitsvertrag iVm § 611a Abs. 2 BGB setzt voraus, dass der Arbeitnehmer eine Arbeitsleistung erbracht hat. Dies setzt eine sog. fremdnützige, dh **betrieblich veranlasste Tätigkeit** voraus. Soweit der Arbeitnehmer bei Erbringung seiner Tätigkeit KI einsetzt, liegt darin im Regelfall eine betrieblich veranlasste und damit auch zu vergütende Tätigkeit, soweit der KI-Einsatz

- vom Arbeitgeber angewiesen, geduldet oder gebilligt wurde bzw.
- auf gesetzlicher, kollektivvertraglicher (zB auf Grundlage einer KI-Betriebsvereinbarung) oder arbeitsvertraglicher Grundlage

erfolgt. Problematisch sind die Fallgestaltungen, in denen der Arbeitnehmer mit dem KI-Einsatz private Zwecke (zB Planung von Freizeitaktivitäten) verfolgt. Diese KI-Einsatzzeiten sind regelmäßig nicht zu vergüten. Darüber hinaus beinhalten derartige (unerlaubte) **private Tätigkeiten** regelmäßig eine Verletzung arbeitsvertraglicher Pflichten, auf die der Arbeitgeber – je nach Art, Schwere und Umfang der Pflichtverletzung – mit einer Abmahnung, im Einzel- bzw. Wiederholungsfall auch mit einer verhaltensbedingten Kündigung reagieren kann.

Soweit die Arbeitsleistung unter dem Einsatz von KI erbracht wird, kann sich die Art der Arbeitsleistung dahingehend ändern, dass der Arbeitnehmer nunmehr die Tätigkeitsmerkmale einer höheren (tariflichen) Vergütungsgruppe erfüllt und damit verbundene Vergütungsansprüche bestehen können (→ *Frage 80: Kann die Einführung eines KI-Systems Auswirkungen auf die Eingruppierung haben?*).

18. Wer trägt die Kosten für die Einführung und Verwendung von KI im Betrieb?

Die Kosten für die Einführung und Verwendung einer KI im Betrieb trägt regelmäßig der Arbeitgeber. Dies gilt – auch ohne entsprechende Regelung in einem Gesetz, Kollektivvertrag (zB einer KI-Betriebsvereinbarung) oder in einem Arbeitsvertrag – jedenfalls dann, wenn es sich bei der KI um ein sog. **essentielles Arbeitsmittel** handelt. Darunter fallen Arbeitsmittel, die zur Erfüllung der arbeitsvertraglichen Pflichten notwendig sind bzw. deren Einsatz vom Arbeitgeber **angewiesen** wurde. Bei einer arbeitgeberseitig angewiesenen KI-Nutzung hat daher der Arbeitgeber im Regelfall stets alle Kosten für die Anschaffung und den Betrieb der als Arbeitsmittel eingesetzten KI zu tragen (vgl. Müller/Becker/Funke/Müller, KI im Arbeitsverhältnis, § 2 Rn. 53 mwN). Die generelle Kostentragungspflicht des Arbeitgebers besteht selbstverständlich auch dann, wenn KI-Anwendungen vom Arbeitgeber **zum Zwecke des Arbeitsschutzes** eingesetzt werden (→ *Frage 22: Welche Auswirkungen hat ein KI-Einsatz auf den Arbeitsschutz?*).

19. Besteht eine Pflicht des Arbeitnehmers zur KI-Weiterbildung bzw. KI-Qualifizierung?

Es kann durchaus eine Pflicht des Arbeitnehmers bestehen, sich auf dem Gebiet des Einsatzes von KI im Arbeitsverhältnis weiterzubilden bzw. zu qualifizieren. Eine Pflicht zur Weiterbildung/Qualifizierung kann sich nicht nur aus geltenden **Gesetzen**, **Tarifverträgen** oder **Betriebsvereinbarungen** ergeben. Vielmehr kann die Pflicht auch mittels **Weisung** des Arbeitgebers (§ 106 GewO) zB dann begründet werden, wenn durch die Einführung neuer Produktionsmethoden die Notwendigkeit der Nutzung von KI-Systemen begründet wird und dazu die betroffenen Arbeitnehmer entsprechend weitergebildet bzw. qualifiziert werden müssen (vgl. Müller/Becker/Funke/Müller, KI im Arbeitsverhältnis, § 2 Rn. 246 f. mwN).

20. Besteht ein Anspruch des Arbeitnehmers auf KI-Weiterbildung bzw. KI-Qualifizierung?

Den Arbeitnehmer kann nicht nur eine Pflicht zur KI-Weiterbildung bzw. KI-Qualifizierung treffen (→ *Frage 19: Besteht eine Pflicht des Arbeitnehmers zur KI-Weiterbildung bzw. KI-Qualifizierung?*). Es kann auch ein (klagbarer) **Anspruch** des Arbeitnehmers gegenüber dem Arbeitgeber auf entsprechende Weiterbildungs- bzw. Qualifizierungsmaßnahmen zur Erlangung einer bestimmten KI-Kompetenz bestehen. Dieser kann sich nicht nur aus **Gesetz** bzw. **Kollektivvertrag** (zB einem KI-Tarifvertrag) ergeben. Im Einzelfall kann sich ein entsprechender Anspruch auch aus einer **Nebenpflicht** des Arbeitgebers gem. § 241 BGB – insbesondere dann, wenn die Weiterbildung/Qualifizierung zur Erhaltung der Leistungsfähigkeit zwingend erforderlich ist – oder aus **Gleichbehandlungsgesichtspunkten** ergeben (vgl. Müller/Becker/Funke/Müller, KI im Arbeitsverhältnis, § 2 Rn. 249 ff. mwN).

21. Wer trägt die Kosten einer KI-Weiterbildung bzw. KI-Qualifizierung?

Soweit die KI-Weiterbildung bzw. KI-Qualifizierung im Rahmen einer sog. Pflichtfortbildung erfolgt, folgt die Kostentragungspflicht des Arbeitgebers bereits aus § 111 Abs. 1 GewO. Eine **Pflichtfortbildung** liegt immer dann vor, wenn der Arbeitgeber seinen Arbeitnehmern die entsprechende Fortbildungsmaßnahme aufgrund einer entsprechenden Rechtsnorm (Gesetz, Tarifvertrag, Betriebsvereinbarung) verpflichtend anbieten muss. Darunter fällt insbesondere eine im Einzelfall bestehende Schulungspflicht zur Vermittlung einer erforderlichen KI-Kompetenz nach Art. 4 DS-GVO.

Außerhalb des Bereichs der Pflichtfortbildungen ist zu prüfen, ob sich eine Kostentragungspflicht des Arbeitgebers bereits aus einer ausdrücklichen **Kostentragungsregelung**, zB in einem Kollektivvertrag (Tarifvertrag / Betriebsvereinbarung) oder aus einer zwischen Arbeitgeber und Arbeitnehmer bestehenden Vereinbarung ergibt. Fehlt eine solche, ist im Streitfall eine Pflicht des Arbeitgebers regelmäßig zu bejahen, wenn die KI-Weiterbildung bzw. KI-Qualifizierung im überwiegenden **Arbeitgeberinteresse** erfolgt. Dies liegt immer dann nahe, wenn

- der Weiterbildungsbedarf **vom Arbeitgeber ausgelöst** wurde, etwa durch die Einführung neuer Produktionstechniken, die eine KI-Kompetenz erfordern, und
- die Weiterbildung bzw. Qualifizierung **im Wesentlichen dem Arbeitgeber zugutekommt**.

Praxistipp

Aus Sicht der Arbeitnehmer bzw. des Betriebsrats sollte zur Vermeidung von Unklarheiten in der arbeitsvertraglichen Fortbildungsvereinbarung bzw. in einer KI-Betriebsvereinbarung die Kostentragungspflicht des Arbeitgebers – auch nach Inhalt und Umfang – klar geregelt werden.

22. Welche Auswirkungen hat ein KI-Einsatz auf den Arbeitsschutz?

In diesem Zusammenhang ist zu sehen, dass KI auch als **Instrument des Arbeitsschutzes** in Betracht kommt.

Beispiel

KI-generierte, automatische Übersetzung von arbeitsschutzrechtlichen Unterweisungen (zB nach § 12 ArbSchG), Einzelanweisungen bzw. Schulungen zum Arbeitsschutz etwa in Unternehmen mit einer diversen, vielsprachigen und multikulturellen Belegschaft.

Soweit im Einzelfall der Einsatz arbeitsschützender KI-Anwendungen den Stand der Technik abbildet, kann ausnahmsweise auch eine **Pflicht des Arbeitgebers** zum KI-Einsatz aus Arbeitsschutzgesichtspunkten bestehen. Denn nach § 4 Nr. 3 ArbSchG ist der Arbeitgeber verpflichtet, die erforderlichen Arbeitsschutzmaßnahmen „unter Berücksichtigung des Stands der Technik" zu treffen (vgl. Müller/Becker/Funke/Müller, KI im Arbeitsverhältnis, § 2 Rn. 201 mwN). Die Pflicht des Arbeitgebers zur **Tragung der Kosten,** die für den KI-Einsatz im Rahmen des Arbeitsschutzes verbunden sind, folgt bereits aus § 3 Abs. 3 ArbSchG.

Der Einsatz von KI kann den Arbeitsschutz aber nicht nur stärken, sondern auch gefährden. Insbesondere ist zu bedenken, dass der Einsatz von KI im Betrieb u. a. aufgrund folgender Umstände mit **Gefahren für die psychische Gesundheit** der betroffenen Beschäftigten verbunden sein kann:

- Verlust von Autonomie
- Vermischung von Arbeit und Privatleben
- zunehmende Komplexität der Aufgaben für manche und Beschränkung auf „modulare Tätigkeiten" für andere
- ständige Überwachung / Überwachungsdruck
- Anpassungsdruck
- Verlust menschlicher Interaktion am Arbeitsplatz

Der Arbeitgeber hat diese Gefahren bei den Maßnahmen des Arbeitsschutzes in den Blick zu nehmen und die Arbeit so zu gestalten, dass auch beim Einsatz von KI im Betrieb eine **Gefährdung** für das Leben sowie die physische und die psychische Gesundheit „möglichst" vermieden und die verbleibende Gefährdung „möglichst" gering gehalten wird (vgl. § 4 Abs. 1 Nr. 1 ArbSchG). Da KI-Anwendungen regelmäßig in Arbeitsmitteln iSd **Betriebssicherheitsverordnung** (BetrSichV) eingebunden sind, hat der Arbeitgeber die damit verbundenen Pflichten einzuhalten. Insbesondere ist darauf zu achten, dass der Arbeitgeber nur solche Arbeitsmittel zur Verfügung stellen und verwenden lassen darf, die den geltenden Rechtsvorschriften über Sicherheit und Gesundheitsschutz entsprechen (§ 5 Abs. 3 S. 1 BetrSichV). Darüber hinaus ist zu beachten, dass auch bei der nach § 5 ArbSchG und § 3 BetrSichV durchzuführenden **Gefährdungsbeurteilung** die Gefahren psychischer und physischer Art zu beurteilen sind, die mit dem Einsatz KI-gestützter Arbeitsmittel verbunden sind (vgl. Müller/Becker/Funke/Müller, KI im Arbeitsverhältnis, § 2 Rn. 211 mwN).

Praxistipp

Es besteht eine Empfehlung, die vom Berufsgenossenschaftlichen Institut für Arbeitsschutz für die Gefährdungsbeurteilung „bei der Gestaltung von Arbeitsplätzen mit kollaborierenden Robotern" herausgegeben wurde, abrufbar unter https://publikationen.dguv.de/widgets/pdf/download/article/2448 (letzter Abruf: 20.10.2025). Diese Empfehlung kann bei der Gefährdungsbeurteilung als ***Orientierungshilfe*** *dienen. Dem Betriebsrat können auch bei der Durchführung von Gefährdungsbeurteilungen* ***Mitbestimmungsrechte*** *zukommen (→ Frage 64: Welche Rolle spielt KI bei Gefährdungsbeurteilungen?) Daher sollte er auch hier vom Arbeitgeber eingebunden werden.*

23. Kann mittels KI eine arbeitsschutzrechtliche Unterweisung vorgenommen werden?

Das Gesetz sieht zunächst keine besondere Form für die nach § 12 ArbSchG vorzunehmende Unterweisung vor. Es ist allgemein anerkannt, dass grds. auch eine **digitale Unterweisung** (zB per Video) denkbar ist.

Praxistipp

Allgemeine Informationen zur Unterweisung finden sich u. a. im Abschnitt 2.3.1 der DGUV Regel 100–001, abrufbar unter https://publikationen.dguv.de/widgets/pdf/download/article/2942 (letzter Abruf: 20.10.2025).

Praktische Hinweise für die Durchführung einer digitalen Unterweisung finden sich u. a. in der Informationsbroschüre der Verwaltungs-Berufsgenossenschaft (VBG) „VBG-Praxis-Kompakt PRAXIS UNTERWEISUNG UND KOMMUNIKATION Stand: Juli 2025, abrufbar unter https://www.vbg.de/cms/arbeitsschutz/arbeitsschutz-organisieren/unterweisungen (letzter Abruf: 20.10.2025).

Es ist auch zulässig, im Rahmen der Unterweisung **elektronische Hilfsmittel,** zB KI-Anwendungen, einzusetzen, wobei auch hier darauf zu achten ist, dass

- die Inhalte der Unterweisung **arbeitsplatzbezogen** aufbereitet sind,
- eine **Verständnisprüfung** erfolgt und
- ein Gespräch zwischen dem Unterwiesenem und Unterweiser zwecks **Nachfragen** jederzeit möglich ist (vgl. Abschnitt 2.3.1 DGUV Regel 100–001; BeckOK ArbSchR/Kloth ArbSchG § 12 Rn. 14).

Mit Blick auf die erforderliche Verständnisprüfung bzw. Nachfragemöglichkeit bei digitalen Unterweisungen ist zu beachten, dass es für eine ordnungsgemäße Unterweisung iSv § 12 ArbSchG nicht ausreichend ist, ausschließlich digitale (elektronische) Anweisungen bzw. Unterweisungssoftware (**Selbst-**

studium) zu nutzen. Denn hier besteht bereits nicht die erforderliche Verständnisprüfung bzw. Nachfrageoption. Allerdings ermöglichen KI-unterstützte Anwendungen digitale Unterweisungen, die über den Charakter eines Selbststudiums hinausgehen und nicht nur eine Verständnisprüfung zulassen. Technisch kann mittels KI dem unterwiesenen Beschäftigten auch die Möglichkeit eingeräumt werden, mit dem KI-System zu interagieren, dh Rückfragen zum Unterweisungsinhalt zu stellen, die dann vom System beantwortet werden. Der **Einsatz** derart **intelligenter Systeme** kann uU den Anforderungen einer Unterweisung nach § 12 ArbSchG entsprechen, soweit sichergestellt ist, dass der unterwiesene Beschäftigte auch hier bei Bedarf mit einem Menschen interagieren kann.

Praxistipp

Der Einsatz von KI im Rahmen der Unterweisung gem. § 12 ArbSchG unterliegt regelmäßig der Mitbestimmung gem. § 87 Abs. 1 Nr. 7 BetrVG (→ Frage 63: Was unterliegt der Mitbestimmung gem. § 87 Abs. 1 Nr. 7 BetrVG?).

24. Haftet der Arbeitgeber für Schäden des Arbeitnehmers, die durch einen KI-Einsatz ausgelöst werden?

Ja, im Einzelfall kommt bei Schädigungen des Arbeitnehmers infolge eines arbeitgeberseitig veranlassten KI-Einsatzes eine **verschuldensabhängige Haftung** des Arbeitgebers in Betracht (vgl. § 280 BGB). Allerdings muss der Arbeitnehmer hier im Streitfall unter Beweis stellen, dass der infolge des KI-Einsatzes eingetretene Schaden auf eine Pflichtverletzung des Arbeitgebers zurückzuführen ist. Die Erfüllung der damit verbundenen **Beweislast** kann insbesondere mit Blick auf den sog. **Blackbox-Charakter** von KI problematisch sein. Es bleibt abzuwarten, ob die Rechtsprechung hier zugunsten der Arbeitnehmer Erleichterungen bei der Beweisführung entwickelt. Stehen Pflichtverletzung, Schaden und Kausalität fest, muss der Arbeitgeber sich entlasten und beweisen, dass ihn kein **Verschulden** (§ 276 BGB) trifft, er also die Pflichtverletzung nicht zu vertreten hat (vgl. § 280 Abs. 1 S. 2 BGB).

Eine **verschuldensunabhängige Haftung**, wonach die Gefahr für zufällige durch KI-Systeme hervorgerufene Schäden vom Geschädigten zu demjenigen verlagert wird, der das System kontrolliert oder einen Nutzen aus diesem zieht, ist bislang im deutschen Recht nicht vorgesehen.

25. Wie stellt sich die Arbeitnehmerhaftung bei KI-bedingten Schädigungen des Arbeitgebers dar?

Bei Schädigungen des Arbeitgebers infolge eines betrieblich veranlassten KI-Einsatzes stellen sich mit Blick auf die haftungsbegründende **Kausalität** und das **Verschulden** vergleichbare Probleme wie im Rahmen der Arbeitgeberhaftung (→ *Frage 24: Haftet der Arbeitgeber für Schäden des Arbeitnehmers, die durch einen KI-Einsatz ausgelöst werden?*). Dabei ist aber zu berücksichtigen, dass im Rahmen der betrieblich veranlassten Tätigkeit zu Gunsten der Arbeitnehmer zunächst die Grundsätze der sog. abgestuften **Arbeitnehmerhaftung** greifen. Dh hier kommt ein haftungsbegründendes Verschulden nicht bereits bei leichtester Fahrlässigkeit, sondern erst ab „normaler" (mittlerer) Fahrlässigkeit in Betracht. Darüber hinaus greift die in § 619a BGB verankerte **Beweislastumkehr**. Dh der Arbeitgeber muss nicht nur die Pflichtverletzung und die darauf beruhende Schädigung beweisen. Ihn trifft hier auch die Beweislast für das Verschulden des Arbeitnehmers. Lässt man Fälle des Vorsatzes außer Betracht, wird im Streitfall zu klären sein, ob der Arbeitnehmer als Anspruchsgegner fahrlässig gehandelt, also die im Verkehr erforderliche Sorgfalt außer Acht gelassen hat (§ 276 Abs. 2 BGB).

Eine Sorgfaltspflichtverletzung des Arbeitnehmers kann insbesondere darin liegen, dass die von ihm eingesetzte KI

- nicht den technischen Standards bzw. den zwingenden gesetzlichen Vorgaben entspricht,
- fehlerhaft programmiert, trainiert oder überwacht wurde bzw.
- fehlerhaft bzw. pflichtwidrig (zB unter Verstoß gegen ein geltendes KI-Verbot (→ *Frage 28: Inwieweit ist die Nutzung von KI im Betrieb durch Gesetz verboten oder eingeschränkt?*) genutzt wurde.

26. Kann ein Recht bzw. Anspruch der Arbeitnehmer auf Verwendung von KI bestehen?

Teilweise wird darauf hingewiesen, dass ein Arbeitnehmerrecht auf KI-Verwendung nicht bestehen könne, da die Arbeitsleistung vom Arbeitnehmer höchstpersönlich zu erbringen sei. Dies überzeugt allerdings nicht ohne Weiteres. Denn die Höchstpersönlichkeit der Arbeitsleistung (§ 613 S. 1 BGB) wird nicht bereits dadurch ausgeschlossen, dass sich der Arbeitnehmer im Rahmen der Leistungserbringung die vom Arbeitgeber zur Verfügung gestellten (technischen) **Hilfsmittel,** zB PC oder Software, verwendet. Gleiches gilt für eine KI, die nicht über eine eigene Rechtspersönlichkeit verfügt und damit kein Dritter ist.

Allerdings darf der Arbeitnehmer nur „zulässige" Arbeitsmittel einsetzen. Die **Zulässigkeit** richtet sich nicht nur nach den im Arbeitsverhältnis geltenden Rechtsnormen. Der Arbeitgeber kann auch mittels **Weisungsrechts** die Nutzung von KI bei Erfüllung der arbeitsvertraglichen Arbeitnehmerpflichten untersagen (Müller/Becker/Funke/Müller, KI im Arbeitsverhältnis, § 2 Rn. 93 ff. mwN).

Praxistipp

*Unter Berücksichtigung der bestehenden Risiken ist aus Arbeitgebersicht zu empfehlen, durch entsprechende **Weisung** den selbstbestimmten Einsatz privat erworbener KI im Arbeitsverhältnis auszuschließen bzw. einzuschränken. Insbesondere kann auch erwogen werden, im Arbeitsvertrag ein grundsätzliches **Verbot der Nutzung privater (technischer) Arbeitsmittel** zu verankern.*

Zudem darf auch mittels Weisungsrecht ein **Anspruch** des Arbeitnehmers **auf KI-Nutzung** nicht unzulässig eingeschränkt oder gar ausgeschlossen werden. Ein solcher Anspruch kann sich im Einzelfall insbesondere aus den folgenden Rechtsquellen ergeben (vgl. Müller/Becker/Funke/Müller, KI im Arbeitsverhältnis, § 2 Rn. 98 ff.):

- KI-spezifische **Rechtsnormen** zB in einem KI-Tarifvertrag oder in einer KI-Betriebsvereinbarung,
- § 164 Abs. 4 S. 1 SGB IX und den dort für schwerbehinderte Arbeitnehmer und diesen Gleichgestellten verankerten Anspruch auf **behinderungsgerechte Beschäftigung,** soweit diese zB (allein) durch eine KI-gestützte Arbeitshilfe gewährt werden kann,
- KI-Klausel im **Arbeitsvertrag**,
- arbeitsrechtlicher **Gleichbehandlungsgrundsatz**.

Darüber hinaus kann sich letztlich ein Recht des Arbeitnehmers auf Verwendung einer KI auch dann ergeben, wenn die KI-Anwendung als ein sog. **essentielles Arbeitsmittel** (→ *Frage 18: Wer trägt die Kosten für die Einführung und Verwendung von KI im Betrieb?*) einzustufen ist.

27. Müssen Arbeitnehmer einen selbstbestimmten Einsatz von KI im Betrieb offenlegen?

Falls eine KI aufgrund arbeitgeberseitiger Weisung oder einer Regelung in einem geltenden Kollektivvertrag, zB in einer KI-Betriebsvereinbarung, im Betrieb eingesetzt wird, kann und darf der Arbeitgeber grundsätzlich davon ausgehen, dass die KI entsprechend der Weisung bzw. der Rechtsnorm eingesetzt wird. Er ist insoweit über die KI-Nutzung informiert und eine Offenlegung des KI-Einsatzes daher im Regelfall entbehrlich. Ein berechtigtes **Informationsinteresse** des Arbeitgebers besteht aber immer dann, wenn keine Weisung bzw. Regelung zur KI-Nutzung im Arbeitsverhältnis besteht und der Arbeitgeber keine Kenntnis vom „Ob" sowie dem „Wie" (Art und Ausmaß) des KI-Einsatzes im Arbeitsverhältnis hat. Mit Blick auf die mit einem KI-Einsatz verbundenen Risiken sprechen gute Argumente dafür, dass der Arbeitnehmer hier **verpflichtet** ist, seinen Arbeitgeber über Art und Ausmaß der Nutzung von KI bei Erledigung seiner Arbeitsaufgaben bzw. bei der Erfüllung sonstiger arbeitsvertraglichen Pflichten zu informieren. Die Hinweispflicht kann im Einzelfall unter dem Blickwinkel der **Zumutbarkeit** eingeschränkt sein (Müller/Becker/Funke/Müller, KI im Arbeitsverhältnis, § 2 Rn. 140 mwN).

III. Verbot/Einschränkung/Beendigung des KI-Einsatzes im Betrieb

Im folgenden Kapitel geht es um die Frage, in welchen Fällen der Einsatz von KI im Betrieb untersagt oder begrenzt ist. Zudem wird erläutert, ob und wie der Arbeitgeber den Gebrauch von KI einschränken oder beenden darf und welche Rolle dabei der Betriebsrat spielt.

28. Inwieweit ist die Nutzung von KI im Betrieb durch Gesetz verboten oder eingeschränkt?

Aktuell gibt es keine **gesetzlichen Regelungen**, die den Einsatz von KI im Arbeitsverhältnis generell bzw. vollständig verbieten. Allerdings ist der KI-Einsatz in der arbeitsrechtlichen Praxis bereits jetzt durch zahlreiche Gesetze **beschränkt**. Für bestimmte KI-Anwendungen bzw. Einsatzformen finden sich sogar gesetzliche Einsatz-Verbote.

Die für das Arbeitsverhältnis wichtigen **gesetzlichen Verbote und Einschränkungen** finden sich – neben Einschränkungen durch das **allgemeine Persönlichkeitsrecht** und bestehende Beteiligungs- bzw. Mitbestimmungsrechte des Betriebsrats – in der **KI-VO** und in der **DS-GVO** (→ *Frage 4: Welche rechtlichen Grundlagen gelten für den Einsatz von KI?*).

29. Bestehen kollektivvertragliche Verbote oder Einschränkungen?

In geltenden **Kollektivverträgen**, dh in einem KI-Tarifvertrag bzw. einer KI-Betriebsvereinbarung, können Beschränkungen wie auch Verbote des Einsatzes von KI im Arbeitsverhältnis normiert werden (Müller/Becker/Funke/Müller, KI im Arbeitsverhältnis, § 3 Rn. 4 ff. mwN). Die Regelung entsprechender Verbote bzw. Einschränkungen ist allerdings nicht zwingend und in der betrieblichen Praxis häufig nicht festzustellen.

30. Kann der Arbeitgeber die Nutzung von KI im Arbeitsverhältnis durch entsprechende Weisung einschränken bzw. verbieten?

Ja, der Arbeitgeber kann regelmäßig durch **Ausübung seines Weisungsrechts** (§ 106 GewO) die Nutzung von KI bei Erfüllung der arbeitsvertraglichen Pflichten nicht nur anweisen (→ *Frage 12: Können Arbeitnehmer durch Weisung zur Nutzung von KI verpflichtet werden?*), sondern auch einschränken oder ganz untersagen.

Praxistipp

*Zu beachten ist, dass eine entsprechende Weisung nicht gegen geltende Regelungen im Arbeitsvertrag, Kollektivvertrag (Tarifvertrag/Betriebsvereinbarung) bzw. Gesetz verstoßen darf. Ergibt zB die Auslegung einer Klausel in einer geltenden KI-Betriebsvereinbarung, dass der Arbeitnehmer einen **Anspruch** auf Bereitstellung bzw. Nutzung von KI im Arbeitsverhältnis hat, dann steht dies einer Weisung entgegen, die diesen Anspruch normwidrig ausschließt bzw. einschränkt.*

31. Unterliegen Einschränkungen bzw. Verbote einer KI-Verwendung der Mitbestimmung durch den Betriebsrat?

Nicht nur bei der Einführung von KI kommen Beteiligungs- bzw. Mitbestimmungsrechte des Betriebsrats in Betracht (→ *Frage 53: Unterliegt die Einführung oder Pflicht zur Anwendung von KI der Mitbestimmung gem. § 87 Abs. 1 Nr. 1 BetrVG?*). Auch Einschränkungen bzw. Verbote der Nutzung von KI im Arbeitsverhältnis, die einseitig vom Arbeitgeber angewiesen wurden, können Beteiligungsrechte des Betriebsrats auslösen. Darin kann insbesondere eine mitbestimmungspflichtige Betriebsänderung zu sehen sein (→ *Frage 84: Wann kann eine Betriebsänderung im Zusammenhang mit KI vorliegen?*).

IV. Unterrichtungs- und Informationsansprüche

In diesem Kapitel werden die Informations- und Auskunftsrechte des Betriebsrats sowie der betroffenen Beschäftigten beim Einsatz von KI dargestellt. Im Mittelpunkt stehen die Unterrichtungspflichten des Arbeitgebers nach §§ 80 und 90 BetrVG, mögliche Ansprüche aus der KI-Verordnung sowie die Frage, wann, in welchem Umfang und in welcher Form Informationen bereitzustellen sind.

32. Welche Auskunfts- und Informationsansprüche hat der Betriebsrat im Zusammenhang mit dem Einsatz von KI?

Nach § 80 Abs. 2 S. 1 BetrVG hat der Betriebsrat auch hinsichtlich des Einsatzes von KI-Systemen im Betrieb einen **allgemeinen Anspruch auf Auskunft und Information**. Nach dieser Vorschrift ist der Arbeitgeber verpflichtet, den Betriebsrat zur Durchführung seiner Aufgaben rechtzeitig und umfassend zu unterrichten (→ *Frage 33: Worüber muss der Arbeitgeber gem. § 80 Abs. 2 BetrVG in Bezug auf KI unterrichten?*). Allerdings erfordert dies einen Bezug zu den vom Betriebsrat wahrzunehmenden gesetzlichen Aufgaben. In diesem Zusammenhang ist zu sehen, dass hinsichtlich der Einführung und Anwendung von KI-Systemen im Betrieb regelmäßig ein **Aufgabenbezug** vorliegt. Dabei genügt eine gewisse Wahrscheinlichkeit für das Bestehen einer vom Betriebsrat wahrzunehmenden gesetzlichen Aufgabe. Der Aufgabenbezug fehlt aber immer dann, wenn die Wahrnehmung einer gesetzlichen Aufgabe ausgeschlossen ist (Fitting BetrVG § 80 Rn. 51 mwN).

Im Zusammenhang mit dem Einsatz von KI im Betrieb kommt als Aufgabenbezug u. a. die Überwachungsaufgabe des Betriebsrats nach § 80 Abs. 1 Nr. 1 BetrVG hinsichtlich der **Einhaltung von Gesetzen** – zu denen auch das BDSG, die DS-GVO und die KI-VO zählen – in Betracht. Jedenfalls dann, wenn das im Betrieb einzuführende KI-System personenbezogene Daten der Arbeitnehmer verarbeitet bzw. das KI-System unter Art. 3 Nr. 1 KI-VO fällt, besteht idR ein entsprechender Informationsanspruch nach § 80 BetrVG.

Praxistipp

Der Betriebsrat sollte bei der Geltendmachung von Auskünften nach § 80 Abs. 2 BetrVG die gesetzliche Aufgabe und den damit verbundenen Informationsbedarf schlüssig darlegen. Andernfalls besteht die Gefahr, dass der Arbeitgeber das Auskunftsersuchen bereits mangels bestehenden Aufgabenbezugs ablehnt.

→ Muster 5: Auskunftsersuchen nach § 80 Abs. 2 BetrVG

Neben dem allgemeinen, aus § 80 Abs. 2 BetrVG folgenden Anspruch auf Auskunft und Information kommen auch beim Einsatz von KI spezielle Ansprüche in Betracht. In diesem Zusammenhang ist zu sehen, dass mit § 90 Abs. 1 Nr. 3 BetrVG ein spezieller Unterrichtungs- und Beratungsanspruch bei der Einführung und Anwendung von KI-Systemen mit Bezug zu **Arbeitsabläufen und Arbeitsverfahren** vorgesehen ist (→ *Frage 35: Über was muss der Arbeitgeber gem. § 90 Abs. 1 Nr. 3 BetrVG in Bezug auf KI unterrichten?*). Darüber hinaus enthält die KI-VO mit Art. 26 Abs. 7 KI-VO einen eigenständiger Unterrichtungsanspruch des Betriebsrats vor der Inbetriebnahme oder **Verwendung eines Hochrisikosystems** iSv Art. 6 ff. KI-VO (→ *Frage 37: Ergibt sich aus Art. 26 Abs. 7 KI-VO ein Unterrichtungsanspruch?*).

33. Worüber muss der Arbeitgeber gem. § 80 Abs. 2 BetrVG in Bezug auf KI unterrichten?

Wie bereits ausgeführt, setzt ein allgemeiner Informationsanspruch nach § 80 Abs. 2 BetrVG einen Aufgabenbezug voraus. Es muss eine gesetzliche Aufgabe des Betriebsrats bestehen, zu deren Durchführung die konkrete Information dienen soll (→ *Frage 32: Welche Auskunfts- und Informationsansprüche hat der Betriebsrat im Zusammenhang mit dem Einsatz von KI?*). Der jeweilige **Aufgabenbezug** bildet die Grenze für den Inhalt und den Umfang der geltend gemachten Auskunft. Dies gilt auch bei allgemeinen Auskünften nach § 80 Abs. 2 BetrVG im Zusammenhang mit dem Einsatz von KI im Betrieb (Witteler ZD 2023, 377, 379).

Beispiel

Der Betriebsrat stützt sein Auskunftsersuchen darauf, dass er sicherstellen will, dass bei dem Einsatz der KI im Betrieb die Vorschriften aus dem BDSG, der DS-GVO und der KI-VO eingehalten werden, die zu Gunsten der vom KI-Einsatz betroffenen Arbeitnehmer gelten. Unter Berücksichtigung dieses Aufgabenbezuges kann der Betriebsrat grds. sämtliche Informationen einfordern und sich erforderliche Unterlagen vorlegen lassen, die ihm die Prüfung ermöglichen, dass die entsprechenden gesetzlichen Vorschriften, zB sämtliche Betreiberpflichten bei einem Hochrisiko-KI-System, eingehalten werden.

Mit den nach § 80 Abs. 2 BetrVG zu erteilenden Informationen soll der Betriebsrat in die Lage versetzt werden, in eigener Verantwortung zu prüfen, ob er tätig werden kann und soll. Dies kann auch Informationen zur **Funktionsweise des KI-Systems** umfassen. Allerdings ist auch hier zu berücksichtigen, dass sich der Informationsanspruch des Betriebsrats nur auf die Informationen erstreckt, die auch beim Arbeitgeber tatsächlich vorhanden sind (Witteler ZD 2023, 377, 379 mwN). Kann dieser die Funktionsweise eines im Betrieb einzusetzenden KI-Systems mangels Vorliegens entsprechender Informationen nicht bzw. nicht weiter erläutern, liegt darin kein Verstoß gegen § 80 Abs. 2 BetrVG vor. Der Informationsanspruch kann auch die Vorlage vorhandener und erforderlicher **Unterlagen** umfassen, sofern der Betriebsrat dies gem. § 80 Abs. 2 S. 2 BetrVG geltend macht.

→ *Muster 5: Auskunftsersuchen nach § 80 Abs. 2 BetrVG*

34. Wann und in welcher Form muss der Arbeitgeber gem. § 80 Abs. 2 BetrVG unterrichten?

Der Arbeitgeber muss eine aus § 80 Abs. 2 BetrVG bestehende Informationspflicht von sich aus, dh **initiativ** – auch ohne Verlangen des Betriebsrats - erfüllen. Dabei muss die Information „rechtzeitig und umfassend" erfolgen (vgl. § 80 Abs. 2 S. 1 BetrVG). Die Information erfolgt **rechtzeitig**, wenn sie so frühzeitig erfolgt, dass der Betriebsrat noch die entsprechende gesetzliche Aufgabe ordnungsgemäß erfüllen kann. Er darf vom Arbeitgeber nicht vor vollendete Tatsachen gestellt werden. Vielmehr muss der Betriebsrat die Gelegenheit haben, etwaige Bedenken bzw. Änderungsvorschläge hinsichtlich des geplanten KI-Einsatzes in den Meinungsbildungsprozess und die Entscheidungsfindung einzubringen, wobei auch hier dem Arbeitgeber das Letztentscheidungsrecht verbleibt. **Umfassend** ist die Unterrichtung nach § 80 Abs. 2 BetrVG immer dann, wenn sie alle Angaben beinhaltet, die der Betriebsrat benötigt, um die im Raum stehende gesetzliche Aufgabe ordnungsgemäß zu erfüllen. Das Gesetz schreibt dabei keine besondere **Form** für die Unterrichtung vor. Der Unterrichtungszweck erfordert allerdings eine vollständige sowie verständliche Unterrichtung, dh kein „Fachchinesisch" bzw. Überschütten mit überflüssigen Informationen, die regelmäßig in deutscher Sprache erfolgen muss.

35. Über was muss der Arbeitgeber gem. § 90 Abs. 1 Nr. 3 BetrVG in Bezug auf KI unterrichten?

Nach § 90 Abs. 1 Nr. 3 BetrVG muss der Arbeitgeber den Betriebsrat bereits im Planungsstadium über die Planung von Arbeitsverfahren und Arbeitsabläufen, einschließlich des Einsatzes von KI, rechtzeitig unter Vorlage der erforderlichen Unterlagen unterrichten.

- **Arbeitsverfahren** ist die Technologie, die zur Veränderung des Arbeitsgegenstands angewandt wird, um die Arbeitsaufgabe zu erfüllen (darunter fallen ua die eingesetzten Arbeitsmittel)
- **Arbeitsabläufe** sind die zeitlichen und räumlichen Folgen des Zusammenwirkens von Menschen, Arbeitsmitteln, Stoff, Energie und Information in einem Arbeitssystem.

Mit dem Einsatz von KI im Betrieb werden regelmäßig die Arbeitsverfahren, aber auch die Arbeitsabläufe tangiert, so dass hier idR eine **Unterrichtungspflicht** des Arbeitgebers nach § 90 Abs. 1 Nr. 3 BetrVG besteht. Hinsichtlich des Umfangs der Unterrichtung kann die Rspr. des BAG zur Einführung (sonstiger) EDV-Systeme herangezogen werden (vgl. Müller/Becker/Funke/Becker, KI im Arbeitsverhältnis, § 4 Rn. 13 f. mwN). Danach kann die Beantwortung folgender Fragen verlangt werden:

- Welche Anwendungs- und Betriebsprogramme werden eingeführt oder geändert?
- Welche datenverarbeitungstechnischen Funktions- und Arbeitsweisen haben die Programme und wie beziehen sich diese auf Arbeitsaufgaben?
- Welche Daten und welche Verknüpfungen dieser Daten ermöglichen eine Kontrolle des Verhaltens oder der Leistung von Arbeitnehmern?
- Welche personenbezogenen oder auf Personen beziehbaren Daten werden durch das Programm zu welchem Zweck erfasst, gespeichert und verarbeitet?

Darüber hinaus spricht vieles dafür, dass auch darüber zu unterrichten ist, ob es sich bei der im Betrieb einzusetzenden KI um ein Hochrisiko-System iSv Art. 6 KI-VO handelt.

Des Weiteren erfasst die Unterrichtungspflicht nach § 90 Abs. 1 Nr. 3 BetrVG auch nicht systemspezifische Informationen, wie zB

- Auswirkungen der geplanten Maßnahme auf die Arbeitnehmer (zB Arbeitsverdichtung, Rationalisierung, Personalabbau) oder
- Qualifikationsanforderungen und evtl. daraus resultierender Qualifizierungsbedarf.

36. Wann und in welcher Form muss der Arbeitgeber gem. § 90 Abs. 1 Nr. 3 BetrVG unterrichten?

Die Unterrichtung nach § 90 Abs. 1 Nr. 3 BetrVG hat „rechtzeitig" und „unter Vorlage der erforderlichen Unterlagen" zu erfolgen. Dabei ist die Unterrichtung nur dann **rechtzeitig**, wenn der Betriebsrat auf die Planung des KI-Einsatzes noch Einfluss nehmen kann. Das Gesetz schreibt auch für diese Unterrichtung keine besondere **Form** vor, dh sie kann auch mündlich oder in Textform erfolgen. Allerdings muss der Betriebsrat auch hier in verständlicher Weise unterrichtet werden (kein „Fachchinesisch" bzw. Überschütten mit überflüssigen Informationen; vgl. BeckOGK/Heyder BetrVG § 90 Rn. 41).

Die Unterrichtung ist unter **Vorlage der erforderlichen Unterlagen** vorzunehmen, wobei hier die Vorlage – anders als bei der allgemeinen Auskunft nach § 80 Abs. 2 BetrVG – initiativ und nicht erst auf Verlagen des Betriebsrats zu erfolgen hat. Bei der Einführung von KI im Betrieb sollen zu den vorzulegenden Unterlagen auch die Unterlagen gehören, die die Funktionsweise der KI erläutern (Frank/Heine NZA 2021, 1448 (1449)). Allerdings dürfte auch hier der Arbeitgeber nur zur Vorlage der Unterlagen verpflichtet sein, die ihm zur Verfügung stehen (vgl. Müller/Becker/Funke/Becker, KI im Arbeitsverhältnis, § 4 Rn. 13).

37. Ergibt sich aus Art. 26 Abs. 7 KI-VO ein Unterrichtungsanspruch?

Ja, die KI-VO enthält mit Art. 26 Abs. 7 KI-VO einen eigenständigen Unterrichtungsanspruch des Betriebsrats vor der Inbetriebnahme oder **Verwendung eines Hochrisikosystems** iSv Art. 6 ff. KI-VO. Allerdings geht dieser spezielle Anspruch nicht weiter als die Unterrichtungsansprüche des Betriebsrats, die bereits aus der Betriebsverfassung mit § 80 Abs. 2 und § 90 Abs. 1 Nr. 3 BetrVG folgen. Daher dürfte dieser Unterrichtungsanspruch für den Betriebsrat in der Praxis eine eher untergeordnete Bedeutung haben.

38. Welche Auskunfts- und Informationspflichten treffen den Arbeitgeber gegenüber den von einem KI-Einsatz erfassten Arbeitnehmern?

Der Arbeitgeber hat nicht nur zu beachten, dass ihn vor dem Einsatz von KI Auskunfts- und Informationspflichten gegenüber dem Betriebsrat treffen und der Betriebsrat – insbesondere nach § 80 Abs. 2 und § 90 Abs. 1 Nr. 3 BetrVG – zu unterrichten ist (→ *Frage 32: Welche Auskunfts- und Informationsansprüche hat der Betriebsrat im Zusammenhang mit dem Einsatz von KI?*). Darüber hinaus können ihn auch gegenüber den von einem KI-Einsatz erfassten Arbeitnehmern insbesondere folgende **Auskunfts- und Informationspflichten** treffen:

- Als **Anbieter** von KI-Systemen: Informationspflichten nach Art. 50 KI-VO.
- Als **Betreiber** von KI-Systemen: Informationspflicht über das Ob und die involvierte Logik automatisierter Entscheidungen nach Art. 14 Abs. 2 lit. g, Art. 13 Abs. 2 lit. f DS-GVO.
- Als **Betreiber** von **Hochrisiko-KI-Systemen**: Informationspflicht vor der Inbetriebnahme oder Verwendung nach Art. 26 Abs. 7 KI-VO.
- Bei **Erhebung personenbezogener Daten** infolge eines vom Arbeitgeber veranlassten Einsatzes von KI-Systemen: Erfüllung von Transparenzpflichten nach Art. 13, 14 DS-GVO durch Information der betroffenen Arbeitnehmer über den vom KI-Einsatz verfolgten Zweck und damit (mittelbar) zugleich auch über den KI-Einsatz als solchen.

39. Besteht auch ein Auskunftsanspruch der von einem KI-Einsatz erfassten Arbeitnehmer?

Der arbeitgeberseitig veranlasste KI-Einsatz kann nicht nur **Auskunfts- und Informationspflichten** des Arbeitgebers gegenüber den betroffenen Arbeitnehmern auslösen (→ *Frage 38: Welche Auskunfts- und Informationspflichten treffen den Arbeitgeber gegenüber den von einem KI-Einsatz erfassten Arbeitnehmern?*). Ein KI-Einsatz kann auch mit entsprechenden Auskunftsrechten der betroffenen Arbeitnehmer verbunden sein. In diesem Zusammenhang wird auch vertreten, dass der datenschutzrechtliche **Auskunftsanspruch** (Art. 15 DS-GVO) auch die grundlegenden Merkmale einer KI-Anwendung (**Funktionsweise und Basisdaten** der KI-Anwendung) erfasst, die vom Arbeitgeber bei der Begründung, dem Abschluss, der Durchführung bzw. der Beendigung des Arbeitsverhältnisses eingesetzt wird (vgl. Müller/Becker/Funke/Müller, KI im Arbeitsverhältnis, § 2 Rn. 261).

V. Hinzuziehung eines KI-Sachverständigen

In diesem Kapitel wird erläutert, unter welchen Voraussetzungen der Betriebsrat einen KI-Sachverständigen hinzuziehen kann und welche rechtlichen Grundlagen hierfür gelten. Behandelt werden die Anforderungen an die Sachkunde, der Ablauf einer entsprechenden Vereinbarung mit dem Arbeitgeber sowie die Frage, ob mehrere oder sogar dauerhaft tätige Sachverständige möglich sind. Damit wird aufgezeigt, wie der Betriebsrat bei komplexen KI-Themen fachlich unterstützt werden kann.

40. Ist im BetrVG die Hinzuziehung eines KI-Sachverständigen für den Betriebsrat geregelt?

Mit dem Betriebsrätemodernisierungsgesetz wurde 2021 in § 80 Abs. 3 S. 2 BetrVG für Betriebsräte ein eigenständiger **Anspruch** auf Hinzuziehung eines **KI-Sachverständigen** geregelt. Für die Beurteilung von KI ist die Hinzuziehung stets erforderlich, wenn ein konkreter Aufgabenbezug besteht (→ *Frage 41: Welche Voraussetzungen müssen für die Hinzuziehung eines KI-Sachverständigen erfüllt sein?*).

Daneben kommt die Hinzuziehung eines KI-Sachverständigen auch nach der **allgemeinen Regelung** gem. § 80 Abs. 3 S. 1 BetrVG in Betracht. Zudem kann im Falle einer **Betriebsänderung**, die im Zusammenhang mit KI steht, in Unternehmen mit regelmäßig mehr als 300 Arbeitnehmern ein KI-Sachverständiger gem. § 111 S. 2 BetrVG als Berater hinzugezogen werden.

41. Welche Voraussetzungen müssen für die Hinzuziehung eines KI-Sachverständigen erfüllt sein?

Voraussetzung für die Hinzuziehung eines KI-Sachverständigen ist gem. § 80 Abs. 3 S. 2 BetrVG zunächst, dass der Betriebsrat bei der Durchführung seiner Aufgaben die Einführung oder Anwendung von KI beurteilen muss. Die praktisch bedeutenden **Anwendungsfälle** sind zunächst jene, in denen bereits im Gesetz ein eindeutiger Bezug zu KI hergestellt wird, dh:

- Beratung über die Planung von Arbeitsverfahren und Arbeitsabläufen gem. § 90 Abs. 1 Nr. 3 BetrVG (→ *Frage 35: Über was muss der Arbeitgeber gem. § 90 Abs. 1 Nr. 3 BetrVG in Bezug auf KI unterrichten?*),
- Aufstellung von Auswahlrichtlinien gem. § 95 BetrVG (→ *Frage 68: Welche Rolle kann KI bei Auswahlrichtlinien spielen?*),
- Personalfragebögen und Beurteilungsgrundsätze (→ *Frage 74: Wann besteht ein Mitbestimmungsrecht bei Personalfragebögen und Beurteilungsgrundsätzen?*; → *Frage 75: Welchen Einfluss hat KI auf Personalfragebögen und Beurteilungsgrundsätze?*),
- Einführung von KI-Systemen, die § 87 BetrVG unterfallen (→ *Frage 57: Ist eine KI eine „technische Einrichtung" gem. § 87 Abs. 1 Nr. 6 BetrVG?*),
- Betriebsänderungen gem. §§ 111, 112 BetrVG (→ *Frage 84: Wann kann eine Betriebsänderung im Zusammenhang mit KI vorliegen?*).

Für die Hinzuziehung ist es nicht notwendig, dass bereits eine konkrete Mitbestimmung des Betriebsrats im Raum steht. Die Hinzuziehung kann auch dann möglich sein, wenn der Betriebsrat erst beurteilen muss, ob ein KI-System überhaupt der Mitbestimmung unterliegt.

Umstritten ist, ob jede Form von KI unter § 80 Abs. 3 S. 2 BetrVG fällt. Da das BetrVG keinen eigenen **KI-Begriff** definiert (→ *Frage 3: Gilt für das BetrVG ein eigenständiger KI-Begriff?*), ist auf die allgemeinen Grundsätze zurückzugreifen. In erster Linie ist die Begriffsdefinition gem. Art. 3 Nr. 1 KI-VO zu berücksichtigen (→ *Frage 1: Was versteht man unter Künstlicher Intelligenz (KI)?*). Notwendiges Merkmal für KI im Sinne von § 80 Abs. 3 S. 2 BetrVG ist die mangelnde Vorhersehbarkeit von Ergebnissen (Fitting BetrVG § 80 Rn. 94a). Damit scheiden technische Einrichtungen, die dieses Merkmal nicht aufweisen, aus dem Anwendungsbereich der Vorschrift aus.

Die Einführung oder Anwendung der KI muss einen betriebsverfassungsrechtlichen **Aufgabenbe-**

zug aufweisen. Dieser kann sich insbesondere aus den Aufgaben ergeben, die dem Betriebsrat gem. § 80 Abs. 1 BetrVG zugewiesen wurden. Am Aufgabenbezug kann es fehlen, wenn die KI ohne jeglichen Bezug zu Arbeitnehmern (zB ausschließlich gegenüber Kunden des Unternehmens) eingesetzt wird. Weiter fehlt es an einem Aufgabenbezug, wenn der Betriebsrat die eingesetzte KI nicht beurteilen muss, weil sie keinen Bezug zu dem zu beurteilenden Sachverhalt hat, zB eine KI-optimierte Routenplanung in Navigationssystemen.

Die Hinzuziehung des Sachverständigen muss zudem auf einem ordnungsgemäßen **Betriebsratsbeschluss** beruhen.

Wenn sämtliche Voraussetzungen erfüllt sind, gilt die Hinzuziehung des Sachverständigen gem. § 80 Abs. 3 S. 2 BetrVG als unwiderleglich erforderlich („**Erforderlichkeitsfiktion**"). Eine Folge der Erforderlichkeitsfiktion ist auch, dass der Betriebsrat – anders als gem. § 80 Abs. 3 S. 1 BetrVG – nicht zunächst auf betriebsinternen Sachverstand, insbesondere betriebliche Auskunftspersonen, verwiesen werden kann.

42. Wer kann KI-Sachverständiger sein?

Die gesetzliche Regelung ist in erster Linie für die Hinzuziehung **technischer Sachverständiger** gedacht, die den Betriebsrat insbesondere hinsichtlich der Funktionsweise von KI sachverständig beraten können. Ausnahmsweise können auch sonstige Sachverständige, zB Rechtsanwälte oder Sachverständige für Arbeitsschutz, unter die Regelung fallen, wenn diese im konkreten Fall über eine besondere Expertise, zB zur KI-VO oder zu physischen/psychischen Auswirkungen von KI-Systemen, im Zusammenhang mit KI verfügen.

Der vom Betriebsrat ausgewählte Sachverständige muss über die für den Beratungsgegenstand notwendigen **Fachkenntnisse** verfügen.

43. Kann der Betriebsrat mehrere KI-Sachverständige hinzuziehen?

Grundsätzlich gilt die Erforderlichkeitsfiktion gem. § 80 Abs. 3 S. 2 BetrVG nur für die Hinzuziehung **eines einzelnen Sachverständigen**. Dies ist insbesondere darin begründet, dass der Betriebsrat aufgrund dieser Vorschrift in der Regel einen **technischen Sachverständigen** hinzuziehen darf (→ *Frage 42: Wer kann KI-Sachverständiger sein?*). Die Hinzuziehung weiterer Sachverständiger richtet sich nach den allgemeinen Voraussetzungen gem. **§ 80 Abs. 3 S. 1 BetrVG**.

44. Wie kommt die Vereinbarung über die Hinzuziehung eines KI-Sachverständigen zu Stande?

Auch die Hinzuziehung eines KI-Sachverständigen bedarf einer **Vereinbarung** zwischen dem Betriebsrat und dem Arbeitgeber. Aufgrund der **Erforderlichkeitsfiktion** darf der Arbeitgeber aber den Abschluss einer Vereinbarung bei Vorliegen der Voraussetzungen (→ *Frage 41: Welche Voraussetzungen müssen für die Hinzuziehung eines KI-Sachverständigen erfüllt sein?*) nicht verweigern.

Die Vereinbarung muss mindestens folgende Regelungen umfassen:

- Gegenstand der Beauftragung,
- Name des Sachverständigen,
- Kosten des Sachverständigen,
- Zeitaufwand.

Hinsichtlich der **Kosten** geht der Gesetzgeber davon aus, dass 833,00 EUR brutto/Tag angemessen sind (BT-Drs. 19/28899, 17). Da dieser Wert in der Praxis häufig zu niedrig sein wird, kann sich hieraus Streit zwischen den Betriebsparteien ergeben.

Können sich Betriebsrat und Arbeitgeber nicht über die Hinzuziehung eines KI-Sachverständigen einigen, kann der Betriebsrat die Einigung im **Beschlussverfahren** gerichtlich durchsetzen.

Formulierungsmuster

Antrag des Betriebsrats im Beschlussverfahren auf Hinzuziehung eines KI-Sachverständigen

Der Arbeitgeber wird verpflichtet, der Beauftragung des Sachverständigen ...... [Name] für den Betriebsrat zum Thema ...... auf Basis einer Vergütung von Höhe von ......EUR/Stunde im Zeitumfang von bis zu ...... Stunden zuzustimmen.

Die Durchsetzung der Zustimmung im Beschlussverfahren kann auch im Wege des **einstweiligen Rechtsschutzes** erfolgen (Fitting BetrVG § 80 Rn. 97).

45. Hat der Betriebsrat Anspruch auf die Hinzuziehung eines ständigen KI-Sachverständigen?

Ebenfalls mit dem Betriebsrätemodernisierungsgesetz wurde der sog. ständige Sachverständige in § 80 Abs. 3 S. 3 BetrVG eingefügt. Danach können sich Arbeitgeber und Betriebsrat über die dauerhafte Hinzuziehung eines Sachverständigen für KI-Themen einigen. Sinn und Zweck eines solchen **ständigen Sachverständigen** ist, dass einem Betriebsrat, der besonders häufig oder umfangreich mit KI-Themen befasst ist, der schnelle Zugriff auf entsprechende Expertise gewährt wird. Damit können Mitbestimmungsverfahren verbessert und beschleunigt werden.

Anders als für die Hinzuziehung eines KI-Sachverständigen sieht das Gesetz für den ständigen Sachverständigen **keine Erforderlichkeitsfiktion** vor. Im Gegensatz zur Hinzuziehung eines KI-Sachverständigen gem. § 80 Abs. 3 S. 1 BetrVG muss der Betriebsrat daher im Streitfall die Erforderlichkeit darlegen und beweisen (→ *Frage 41: Welche Voraussetzungen müssen für die Hinzuziehung eines KI-Sachverständigen erfüllt sein?*). Kommt eine Einigung zu Stande, ist wiederum eine entsprechende Vereinbarung abzuschließen (→ *Frage 44: Wie kommt die Vereinbarung über die Hinzuziehung eines KI-Sachverständigen zu Stande?*).

Können sich Betriebsrat und Arbeitgeber nicht einigen, kann der Betriebsrat die Hinzuziehung eines ständigen Sachverständigen gerichtlich durchsetzen. Die **gerichtliche Durchsetzung** eines ständigen Sachverständigen wird nur dann Aussicht auf Erfolg haben, wenn die Beurteilung von KI mit Aufgabenbezug einen erheblichen Zeitanteil der Tätigkeit des Betriebsrats ausmacht oder die Fragen besonders kompliziert sind.

Praxistipp

Ist der Betriebsrat mit einer Vielzahl von Themen mit Bezug zu KI befasst, kann beim Arbeitgeber die Hinzuziehung eines ständigen Sachverständigen – ggf. auch befristet für einen bestimmten Zeitraum – angeregt werden. Aus Arbeitgebersicht kann die dadurch beschleunigte Mitbestimmung bei der Einführung von KI-Systemen von Vorteil sein. Bedenken hinsichtlich der anfallenden Kosten kann begegnet werden, indem in der notwendigen Vereinbarung eine zB monatliche Zeitgrenze geregelt wird. Weiterer Zeitaufwand des Sachverständigen wäre dann nur nach einer weiteren Vereinbarung zulässig.

VI. Mitbestimmung bei der beruflichen Bildung

In diesem Kapitel wird dargestellt, welche Mitbestimmungsrechte der Betriebsrat bei Berufsbildungs- und Qualifizierungsmaßnahmen hat. Dabei geht es sowohl um Maßnahmen nach §§ 97 und 98 BetrVG als auch um Qualifizierungsanforderungen im Zusammenhang mit Art. 4 KI-VO.

46. Welche Bedeutung hat KI im Bereich der beruflichen Bildung?

Die Einführung und Anwendung von KI-Systemen im Betrieb kann in erster Linie zu einem **Qualifizierungsbedarf** der Arbeitnehmer führen (→ *Frage 18: Wer trägt die Kosten für die Einführung und Verwendung von KI im Betrieb?*; → *Frage 19: Besteht eine Pflicht des Arbeitnehmers zur KI-Weiterbildung bzw. KI-Qualifizierung?*). Daneben kann KI auch im Rahmen von Qualifizierungsmaßnahmen, zB als Chatbots, eingesetzt werden.

In beiden Fällen können Mitbestimmungsrechte des Betriebsrats bestehen (→ *Frage 47: Welche Mitbestimmungsrechte hat der Betriebsrat bei Maßnahmen der Berufsbildung?*).

47. Welche Mitbestimmungsrechte hat der Betriebsrat bei Maßnahmen der Berufsbildung?

Von zentraler Bedeutung für die Mitbestimmung des Betriebsrats im Rahmen der beruflichen Bildung sind die Mitbestimmungstatbestände in **§ 97 Abs. 2 BetrVG** und **§ 98 Abs. 1 BetrVG**. Gem. § 97 Abs. 2 BetrVG besteht ein Mitbestimmungsrecht des Betriebsrats über Maßnahmen der betrieblichen Berufsbildung, wenn der Arbeitgeber Maßnahmen plant oder durchführt, die dazu führen, dass sich die Tätigkeit der betroffenen Arbeitnehmer ändert und ihre beruflichen Kenntnisse und Fähigkeiten zur Erfüllung ihrer Aufgaben nicht mehr ausreichen (→ *Frage 49: Wann besteht ein Mitbestimmungsrecht gem. § 97 Abs. 2 BetrVG im Zusammenhang mit KI?*). Gem. § 98 Abs. 1 BetrVG hat der Betriebsrat bei Maßnahmen der betrieblichen Berufsbildung mitzubestimmen (→ *Frage 51: Welche Mitbestimmungsrechte ergeben sich aus § 98 Abs. 1 BetrVG im Zusammenhang mit KI?*).

48. Hat der Betriebsrat ein Mitbestimmungsrecht bei Maßnahmen gem. Art. 4 KI-VO?

Gem. Art. 4 KI-VO ist ein Arbeitgeber, sofern er Betreiber eines KI-Systems ist, dazu verpflichtet, die **KI-Kompetenz** der mit dem KI-System arbeitenden Arbeitnehmer sicherzustellen (→ *Frage 4: Welche rechtlichen Grundlagen gelten für den Einsatz von KI?*).

Ob Schulungen zur Vermittlung von KI-Kompetenz der Mitbestimmung unterliegen, ist **umstritten**. In Betracht kommt eine Mitbestimmung gem. § 98 Abs. 1 BetrVG (→ *Frage 51: Welche Mitbestimmungsrechte ergeben sich aus § 98 Abs. 1 BetrVG im Zusammenhang mit KI?*). Zum Teil wird vertreten, dass die entsprechenden Schulungsmaßnahmen nicht der Mitbestimmung unterliegen, da es sich um **Pflichtschulungen** handelt (Pepping BB 2025, 1269 (1280)). Dies überzeugt indes nicht. Art. 4 KI-VO regelt gerade nicht die notwendigen Schulungsinhalte. Da die konkrete Vermittlung der KI-Kompetenz ausgestaltungsbedürftig ist, kann ein Mitbestimmungsrecht bestehen (Müller/Becker/Funke/Becker, KI im Arbeitsverhältnis, § 4 Rn. 55).

Der Mitbestimmung unterliegen allerdings nur Bildungsmaßnahmen, deren **Träger** der Arbeitgeber ist, da er bei diesen auf Inhalt und Organisation entscheidenden Einfluss hat. Wird eine Schulung bei einem **externen Träger** durchgeführt, auf deren Schulungsinhalt der Arbeitgeber keinen Einfluss hat, entfällt das Mitbestimmungsrecht.

49. Wann besteht ein Mitbestimmungsrecht gem. § 97 Abs. 2 BetrVG im Zusammenhang mit KI?

Gem. § 97 Abs. 2 BetrVG besteht ein Mitbestimmungsrecht des Betriebsrats über Maßnahmen der betrieblichen Berufsbildung, wenn der Arbeitgeber Maßnahmen plant oder durchführt, die dazu führen, dass sich die Tätigkeit der betroffenen Arbeitnehmer ändert und ihre beruflichen Kenntnisse und Fähigkeiten zur Erfüllung ihrer Aufgaben nicht mehr ausreichen. Die Vorschrift dient dazu, **präventiv** die Arbeitnehmer vor arbeitsrechtlichen Konsequenzen aufgrund fehlender Qualifikationen zu schützen. Erforderlich für das Mitbestimmungsrecht ist also eine Änderung der Tätigkeit sowie ein Qualifikationsdefizit.

Gerade die Einführung von KI-Systemen in einem Betrieb kann dazu führen, dass sich die Tätigkeitsinhalte bzw. die Art und Weise der Aufgabenerledigung so erheblich ändern, dass die beruflichen Fähigkeiten und Kenntnisse der Arbeitnehmer nicht mehr ausreichen. Eine ausreichende **Änderung der Tätigkeit** im Sinne von § 97 Abs. 2 BetrVG liegt in der Regel bei allen Maßnahmen vor, über die der Arbeitgeber den Betriebsrat gem. **§ 90 Abs. 1 Nr. 3 BetrVG** unterrichten muss (→ *Frage 35: Über was muss der Arbeitgeber gem. § 90 Abs. 1 Nr. 3 BetrVG in Bezug auf KI unterrichten?*)

Das Mitbestimmungsrecht besteht nur dann, wenn tatsächlich ein **Qualifikationsdefizit** bei Arbeitnehmern festgestellt werden kann. Nicht erforderlich ist, dass das Qualifikationsdefizit den Arbeitgeber bereits zu einer Kündigung berechtigen würde. Die Vorschrift dient auch dem **Überforderungsschutz** der Arbeitnehmer, sodass ein Mitbestimmungsrecht bereits dann besteht, wenn Arbeitnehmer aufgrund fehlender Kenntnisse oder Fähigkeiten nicht mehr dazu in der Lage sind, ihre Tätigkeit sachgerecht auszuüben (Müller/Becker/Funke/Becker, KI im Arbeitsverhältnis, § 4 Rn. 51).

Gem. § 97 Abs. 2 BetrVG hat der Betriebsrat ein **Initiativrecht** auf Durchführung betrieblicher Berufsbildungsmaßnahmen. Das Mitbestimmungsrecht besteht gleichfalls, wenn der Arbeitgeber entsprechende Maßnahmen durchführen möchte. Der Mitbestimmung unterliegen in beiden Fällen:

- die Qualifizierungsziele und -wege,
- die Art und Weise der Wissensvermittlung,
- die zeitliche und örtliche Lage der Bildungsmaßnahme und
- die Auswahl der Teilnehmer.

Die **Kosten** der Bildungsmaßnahmen sind vom Arbeitgeber zu tragen (→ *Frage 20: Besteht ein Anspruch des Arbeitnehmers auf KI-Weiterbildung bzw. KI-Qualifizierung?*).

50. Kann der Betriebsrat gem. § 97 Abs. 2 BetrVG die Durchführung von Maßnahmen verlangen?

Ja. Wenn die Voraussetzungen gem. § 97 Abs. 2 BetrVG vorliegen (→ *Frage 49: Wann besteht ein Mitbestimmungsrecht gem. § 97 Abs. 2 BetrVG im Zusammenhang mit KI?*), hat der Betriebsrat ein **Initiativrecht**.

51. Welche Mitbestimmungsrechte ergeben sich aus § 98 Abs. 1 BetrVG im Zusammenhang mit KI?

Der Betriebsrat hat auch bei der Durchführung von Maßnahmen der Berufsbildung mitzubestimmen, § 98 Abs. 1 BetrVG. Maßnahmen der Berufsbildung sind solche, die dem Arbeitnehmer Kenntnisse und Erfahrungen vermitteln, die zur Ausfüllung eines Arbeitsplatzes oder einer beruflichen Tätigkeit im Allgemeinen befähigen. Insbesondere Schulungsmaßnahmen zur Vermittlung von KI-Kompetenz gem. **Art. 4 KI-VO** können der Mitbestimmung gem. § 98 BetrVG unterliegen (→ *Frage 48: Hat der Betriebsrat ein Mitbestimmungsrecht bei Maßnahmen gem. Art. 4 KI-VO?*).

Es unterliegen aber nur solche Bildungsmaßnahmen der Mitbestimmung, die der Arbeitgeber selbst durchführt. Bildungsmaßnahmen bei **externen Trägern**, auf deren Inhalte der Arbeitgeber keinen Einfluss hat, unterliegen nicht der Mitbestimmung.

Der Betriebsrat hat für Maßnahmen gem. § 98 Abs. 1 BetrVG **kein Initiativrecht**.

VII. Mitbestimmung in sozialen Angelegenheiten

Dieses Kapitel erläutert, welche sozialen Mitbestimmungsrechte des Betriebsrats beim Einsatz von KI besondere Bedeutung haben. Im Fokus stehen Fragen der Ordnung des Betriebs, der Arbeits- und Urlaubszeitplanung, der Nutzung oder Einschränkung von KI-Systemen sowie der Einsatz technischer Einrichtungen zur Leistungs- und Verhaltenskontrolle. Zudem wird dargestellt, wie KI in den Arbeits- und Gesundheitsschutz eingebettet ist und welche Anforderungen sich daraus für Gefährdungsbeurteilungen ergeben.

52. Welche Mitbestimmungstatbestände gem. § 87 BetrVG haben eine besondere Bedeutung im Zusammenhang mit KI?

Grundsätzlich kann ein KI-Einsatz im Betrieb nach allen Mitbestimmungstatbeständen gem. § 87 Abs. 1 BetrVG der Mitbestimmung unterfallen. Praxisrelevant und zentral ist die Mitbestimmung nach

Nr. 1 – Ordnung und Verhalten im Betrieb (→ *Frage 53: Unterliegt die Einführung oder Pflicht zur Anwendung von KI der Mitbestimmung gem. § 87 Abs. 1 Nr. 1 BetrVG?*; → *Frage 54: Unterliegen Nutzungspflichten/-verbote von KI der Mitbestimmung gem. § 87 Abs. 1 Nr. 1 BetrVG?*),

Nr. 6 – technische Überwachungseinrichtungen (→ *Frage 57: Ist eine KI eine „technische Einrichtung“ gem. § 87 Abs. 1 Nr. 6 BetrVG?*) und

Nr. 7 – Arbeits- und Gesundheitsschutz (→ *Frage 63: Was unterliegt der Mitbestimmung gem. § 87 Abs. 1 Nr. 7 BetrVG?*).

Auch im Rahmen der **Arbeitszeit- und Urlaubsplanung (Nr. 2, 3 und 5)** (→ *Frage 55: Ist der Einsatz von KI bei der Arbeitszeitplanung mitbestimmungspflichtig?*; → *Frage 56: Ist der Einsatz von KI bei der Urlaubsplanung mitbestimmungspflichtig?*) kommt eine Mitbestimmung in Betracht.

53. Unterliegt die Einführung oder Pflicht zur Anwendung von KI der Mitbestimmung gem. § 87 Abs. 1 Nr. 1 BetrVG?

Gem. § 87 Abs. 1 Nr. 1 BetrVG hat der Betriebsrat bei Fragen der Ordnung des Betriebes und des Verhaltens der Arbeitnehmer mitzubestimmen. KI-Systeme können dann der Mitbestimmung nach § 87 Abs. 1 Nr. 1 BetrVG unterliegen, wenn sie Auswirkungen auf Ordnung und Verhalten hat. Dies kommt insbesondere in Betracht bei

- Verbot oder der Erlaubnis der Privatnutzung betrieblicher KI-Systeme,
- Einsatz von KI-Systemen bei automatisierten Zugangs- oder Taschenkontrollen (zur Mitbestimmung dieser Maßnahmen: zuletzt BAG 9.7.2013 – 1 ABR 2/13 (B))

Ein KI-Nutzungsverbot unterliegt dann nicht der Mitbestimmung des Betriebsrats gem. Nr. 1, wenn die Maßnahme nur darauf zielt, dass die Arbeitnehmer nicht von ihrer Arbeitsleistung abgelenkt werden (vgl. zur Mitbestimmung über Handynutzungsverbot BAG 17.10.2023 – 1 ABR 24/22).

54. Unterliegen Nutzungspflichten/-verbote von KI der Mitbestimmung gem. § 87 Abs. 1 Nr. 1 BetrVG?

Wenn der Arbeitgeber die Arbeitnehmer anweist, für die Erbringung ihrer Tätigkeit KI-Systeme einzusetzen, unterliegt dies nicht der Mitbestimmung gem. § 87 Abs. 1 Nr. 1 BetrVG. Da eine solche Anweisung das sog. **Arbeitsverhalten**, also den konkreten Tätigkeitsinhalt betrifft, ist diese nicht mitbestimmungspflichtig.

Hinsichtlich des Verbots einer KI-Nutzung ist zu unterscheiden, worauf das Verbot abzielt bzw. wie dieses ausgestaltet ist. Möchte der Arbeitgeber mit dem Verbot sicherstellen, dass die Arbeitnehmer nicht von ihrer Arbeitsleistung abgelenkt werden (zB durch das Erstellen von privaten Grafiken mit KI), unterliegt ein solches **Nutzungsverbot** nicht der Mitbestimmung des Betriebsrats (vgl. BAG 17.10.2023 – 1 ABR 24/22). Untersagt aber der Arbeitgeber die Nutzung nicht vollständig oder möchte er Nutzungsregeln vorgeben bzw. die KI-Nutzung im Betrieb außerhalb der Arbeitszeit, zB während der Pausenzeiten, regeln, kann diese Gestaltung im Einzelfall der Mitbestimmung gem. § 87 Abs. 1 Nr. 1 BetrVG unterliegen.

In jedem Fall unterliegt ein KI-System unabhängig von der privaten Nutzungsbefugnis regelmäßig der Mitbestimmung gem. § 87 Abs. 1 Nr. 6 BetrVG (→ *Frage 57: Ist eine KI eine „technische Einrichtung“ gem. § 87 Abs. 1 Nr. 6 BetrVG?*).

55. Ist der Einsatz von KI bei der Arbeitszeitplanung mitbestimmungspflichtig?

Im Rahmen der Personaleinsatzplanung spielen KI-Systeme eine zentrale Rolle (zB mittels Workforce, SAP Success-Factors, Dayforce), da diese häufiger besser in der Lage sind, sämtliche Rahmenbedingungen bei der Planung der Arbeitnehmer zu berücksichtigen. Zudem werden KI-Systeme in diesem Bereich dazu genutzt, die Personalplanung an unternehmerische Vorgaben (zB erwartetes Kundenaufkommen, Wetterprognosen, Umsatzerwartung) anzupassen und zu optimieren.

Der Einsatz einer KI bei der Arbeitszeitplanung unterliegt in der Regel der Mitbestimmung gem. § 87 Abs. 1 Nr. 6 BetrVG (→ *Frage 57: Ist eine KI eine „technische Einrichtung“ gem. § 87 Abs. 1 Nr. 6 BetrVG?*). Weiter gilt, dass eine KI gem. **Art. 22 DSGVO** nicht das Letztentscheidungsrecht über den **konkreten Personaleinsatz** von Personen haben darf (→ *Frage 14: Dürfen Arbeitgeberentscheidungen mittels KI automatisiert werden?*). Dies könnte bei KI-generierten Personaleinsatzplänen zB dann der Fall sein, wenn Mitarbeitern mit flexibler Arbeitszeit oder mit Arbeit auf Abruf durch die KI eine konkrete Arbeitszeit zugewiesen und damit auch die Entgelthöhe beeinflusst wird.

Jedenfalls unterliegt der von einem KI-System erstellte Personaleinsatzplan der Mitbestimmung des Betriebsrats. Auch ist vom Arbeitgeber sicherzustellen, dass ein im Betrieb bei der Personaleinsatzplanung eingesetztes KI-Systems eine bestehende **Betriebsvereinbarung zur Arbeitszeit** einhält bzw. anwendet oder ein Mensch schlussendlich die Einhaltung der geltenden Betriebsvereinbarungen durch die KI kontrolliert. Der Arbeitgeber wird gegenüber dem Betriebsrat im Streitfall nachweisen müssen, dass sich der von einem KI-System erstellte Dienstplan im Rahmen der Vorgaben einer Betriebsvereinbarung zur Arbeitszeitplanung bewegt.

Der Betriebsrat kann dem Arbeitgeber nicht untersagen, KI-Systeme für die Personaleinsatzplanung zu verwenden. Es besteht kein Anspruch des Betriebsrats darauf, dass die Personaleinsatzplanung ausschließlich durch Menschen erfolgt.

56. Ist der Einsatz von KI bei der Urlaubsplanung mitbestimmungspflichtig?

Auch bei der Urlaubsplanung können KI-Systeme eine Rolle spielen, um aus den bestehenden Urlaubswünschen einen möglichst kollisionsfreien Urlaubsplan zu erstellen oder Vorschläge mit nur geringen Anpassungen gegenüber den ursprünglichen Urlaubswünschen zu unterbreiten.

In der Regel fällt ein KI-System, das für die Urlaubsplanung eingesetzt wird, bereits unter die Mitbestimmung nach § 87 Abs. 1 Nr. 6 BetrVG (→ *Frage 57: Ist eine KI eine „technische Einrichtung“ gem. § 87 Abs. 1 Nr. 6 BetrVG?*). Der von einem KI-System erstellte Urlaubsplan unterliegt zudem der Mitbestimmung des Betriebsrats nach § 87 Abs. 1 Nr. 5 BetrVG. Darüber hinaus ist zu beachten, dass eine unmittelbare Urlaubsgewährung durch ein KI-System ohne eine (Letzt-) Entscheidung durch einen Menschen gegen Art. 22 DSGVO verstoßen und unzulässig sein kann (→ *Frage 4: Welche rechtlichen Grundlagen gelten für den Einsatz von KI?*; → *Frage 14: Dürfen Arbeitgeberentscheidungen mittels KI automatisiert werden?*)

Der Betriebsrat kann nicht verlangen, dass der Arbeitgeber keine KI-Systeme für die Urlaubsplanung einsetzt. Es besteht kein Anspruch des Betriebsrats darauf, dass die Personaleinsatzplanung ausschließlich durch Menschen erfolgt.

57. Ist eine KI eine „technische Einrichtung" gem. § 87 Abs. 1 Nr. 6 BetrVG?

Die Einführung und Anwendung von KI-Systemen im Betrieb unterliegt schwerpunktmäßig der Mitbestimmung gem. § 87 Abs. 1 Nr. 6 BetrVG. Danach hat der Betriebsrat bei der Einführung und Anwendung von technischen Einrichtungen mitzubestimmen, die dazu bestimmt sind, das Verhalten oder die Leistung der Arbeitnehmer zu überwachen.

Gem. § 87 Abs. 1 Nr. 6 BetrVG unterliegen die nur Leistungs- und Verhaltenskontrolle bestimmten technischen Einrichtungen der Mitbestimmung des Betriebsrats. An das Merkmal der technischen Einrichtung sind **keine hohen Anforderungen** zu stellen. Es dient allein zur Abgrenzung zur Kontrolle durch einen Menschen. Damit stellt ein KI-System stets eine technische Einrichtung dar. Für die Mitbestimmung gem. § 87 Abs. 1 Nr. 6 BetrVG ist damit allein relevant, ob mittels des KI-Systems eine Leistungs- und Verhaltenskontrolle stattfinden kann (→ *Frage 16: Kann KI vom Arbeitgeber zur Arbeitnehmerüberwachung eingesetzt werden?*; → *Frage 58: Kann durch KI eine Leistungs- und Verhaltenskontrolle stattfinden?*).

58. Kann durch KI eine Leistungs- und Verhaltenskontrolle stattfinden?

Der Mitbestimmung gem. § 87 Abs. 1 Nr. 6 BetrVG unterliegen nur technische Einrichtungen, die für eine Leistungs- und Verhaltenskontrolle der Arbeitnehmer bestimmt sind. Nach der Rechtsprechung des BAG ist ein datenverarbeitendes System, wie zB ein KI-System, dann zur Überwachung von Verhalten oder Leistung der Arbeitnehmer bestimmt, wenn es individualisierte oder individualisierbare Verhaltens- oder Leistungsdaten selbst erhebt und aufzeichnet. Das gilt unabhängig davon, ob der Arbeitgeber die erfassten und festgehaltenen Verhaltens- oder Leistungsdaten auch auswerten oder für Reaktionen auf festgestellte Verhaltens- oder Leistungsweisen verwenden will. Überwachung meint daher sowohl das Sammeln von Informationen als auch das Auswerten bereits vorliegender Informationen (BAG 23.10.2018 – 1 ABN 36/18 zu Microsoft Excel).

Gemessen an diesen Merkmalen ist ein KI-System immer dann zur Überwachung geeignet, wenn es Daten von Arbeitnehmern verarbeitet und der Arbeitgeber Zugriff auf diese Daten hat. Unerheblich ist, ob der Arbeitgeber diese Daten überhaupt zur Überwachung verwenden will. Eine Mitbestimmung scheidet nur dann aus, wenn das KI-System überhaupt **keine Arbeitnehmerdaten** („**Anonymität**") verarbeitet oder der Arbeitgeber keinerlei Zugriff auf die verarbeiteten Daten hat (→ *Frage 60: Unterliegt die Einführung von ChatGPT der Mitbestimmung des Betriebsrats?*).

Praxistipp

Für den Betriebsrat ist bei einer geplanten Einführung eines KI-Systems im Betrieb von zentraler Bedeutung, ob das System Arbeitnehmerdaten verarbeitet. Nur so kann beurteilt werden, ob ein Mitbestimmungsrecht gem. § 87 Abs. 1 Nr. 6 BetrVG besteht. Der Betriebsrat kann hierzu seinen Informationsanspruch (→ Frage 32: Welche Auskunfts- und Informationsansprüche hat der Betriebsrat im Zusammenhang mit dem Einsatz von KI?; → Frage 33: Worüber muss der Arbeitgeber gem. § 80 Abs. 2 BetrVG in Bezug auf KI unterrichten?) geltend machen und ggf. einen Sachverständigen hinzuziehen (→ Frage 41: Welche Voraussetzungen müssen für die Hinzuziehung eines KI-Sachverständigen erfüllt sein?).

Eine Leistungs- und Verhaltenskontrolle von Arbeitnehmern durch KI-Systeme kann in der Praxis in zahlreichen Fallgestaltungen in Betracht kommen. Zu denken ist zB an

- Intelligente **Videoüberwachung**,
- **Tracking**-Systeme,
- Steuerung von Arbeitsaufgaben, oder

- „**Scoring**" von Arbeitnehmern (automatische Erfassung der Arbeitsleistung, zB Arbeitsmenge, Arbeitsqualität).

59. Welchen Umfang hat die Mitbestimmung gem. § 87 Abs. 1 Nr. 6 BetrVG im Zusammenhang mit KI?

Das Mitbestimmungsrecht des Betriebsrats gem. § 87 Abs. 1 Nr. 6 BetrVG bezieht sich in erster Linie auf die Bestimmung der technischen Einrichtung zur Leistungs- und Verhaltenskontrolle. Die Vorschrift begründet kein grundsätzliches Mitbestimmungsrecht zu **Datenschutzfragen**. Insbesondere kann durch eine Betriebsvereinbarung keine Erlaubnisgrundlage für eine Datenverarbeitung geschaffen werden. Datenschutzrechtliche Fragen sind allenfalls dann mitbestimmt, wenn sie das Persönlichkeitsrecht der betroffenen Arbeitnehmer betreffen (vgl. Ludwig NZA 2023, 321).

Das Mitbestimmungsrecht – und damit die Aufgabe des Betriebsrats – zielt darauf, die von einer Überwachungseinrichtung ausgehenden Gefahren für das **Persönlichkeitsrecht** der Arbeitnehmer auszuschließen oder zu reduzieren. Demgegenüber sind die Interessen des Arbeitsgebers an einer Überwachung zB aus Sicherheitsgründen, zur effizienten Organisation von Arbeit oder Kostenreduzierung in die Abwägung einzustellen. Zu berücksichtigen ist, dass ein Arbeitgeber grundsätzlich zur Überwachung mittels technischer Einrichtungen befugt ist.

Die Grenze der zulässigen Überwachung ist dort erreicht, wo übermäßig bzw. ohne Rechtfertigung in das Persönlichkeitsrecht der Mitarbeiter eingegriffen wird. Aus Sicht des Betriebsrats ist dabei insbesondere von Interesse, eine sehr umfassende und dauernde Überwachung von Arbeitnehmern zu reduzieren, um einen permanenten **Überwachungsdruck** zu vermeiden.

Nach § 87 Abs. 1 Nr. 6 BetrVG unterliegt damit insbesondere der Mitbestimmung

- die Frage, ob und ggf. welche Leistungs- und Verhaltenskontrollen mit der KI durchgeführt werden dürfen,
- im Falle der Leistungs- und Verhaltenskontrolle die Dauer des Zugriffsrechts auf Leistungs- und Verhaltensdaten,
- ggf. Dauer und Häufigkeit der Leistungs- und Verhaltenskontrolle, und
- die Beschreibung der Funktionsweise der technischen Einrichtung.

Nicht mitbestimmt sind dagegen datenschutzrechtliche Aspekte, dh insbesondere

- die Regelung eines Zugriffskonzepts,
- der Ort der Datenspeicherung,
- Schnittstellen zu anderen Systemen und
- ein Löschkonzept gem. Art. 17 DSGVO.

Ein Betriebsrat kann gem. § 87 Abs. 1 Nr. 6 BetrVG nicht die Einführung einer technischen Überwachungseinrichtung verlangen. Ebensowenig unterliegt die vollständige Abschaffung einer technischen Überwachungseinrichtung der Mitbestimmung (Fitting BetrVG § 87 Rn. 257 f.).

60. Unterliegt die Einführung von ChatGPT der Mitbestimmung des Betriebsrats?

Ob die Einführung und Anwendung von ChatGPT im Betrieb der Mitbestimmung unterliegt, hängt im Wesentlichen davon ab, ob Arbeitnehmer für den Zugriff einen **Privataccount** oder **Unternehmensaccount** nutzen. Nach einer Entscheidung des Arbeitsgerichts Hamburg unterliegt die Einführung und Nutzung von ChatGPT mit einem Privataccount nicht der Mitbestimmung gem. § 87 Abs. 1 Nr. 6 BetrVG, da der Arbeitgeber keine Möglichkeit habe, auf Daten der Arbeitnehmer zuzugreifen. Eine Leistungs- und Verhaltenskontrolle sei damit ausgeschlossen (ArbG Hamburg 16.1.2024 – 24 BVGa 1/24).

Praxistipp

Soll ChatGPT im Betrieb genutzt werden, muss der Betriebsrat danach unterscheiden, ob die Arbeitnehmer Privat- oder Unternehmensaccounts nutzen. Im Falle von Unternehmensaccounts kommt eine Mitbestimmung gem. § 87 Abs. 1 Nr. 6 BetrVG in Betracht.

Zu beachten ist allerdings, dass der **Internetbrowser**, in dem ChatGPT genutzt wird, regelmäßig unter die Mitbestimmung nach § 87 Abs. 1 Nr. 6 BetrVG fällt.

61. Unterliegen Bewerbermanagementtools der Mitbestimmung gem. § 87 Abs. 1 Nr. 6 BetrVG?

Auch Bewerbermanagementtools können der Mitbestimmung gem. § 87 Abs. 1 Nr. 6 BetrVG unterliegen, obwohl „**Bewerber**" noch keine Arbeitnehmer eines Betriebs sind und daher noch nicht vom Betriebsrat vertreten werden. Allerdings werden die entsprechenden Tools meist mit Daten bereits beschäftigter Arbeitnehmer trainiert, sodass sich die Mitbestimmung aus diesem Umstand ergibt. Außerdem kommt regelmäßig eine Leistungs- und Verhaltenskontrolle der Arbeitnehmer in Betracht, die das Tool anwenden, zB in der Personalabteilung, sodass auch aus diesem Grund ein Mitbestimmungsrecht besteht.

62. Welche Rolle kann KI beim Arbeits- und Gesundheitsschutz spielen?

KI-Systeme können einerseits ein Gesundheitsrisiko für Arbeitnehmer darstellen, das im Rahmen von **Gefährdungsbeurteilungen** berücksichtigt werden muss (→ *Frage 65: Ist eine Gefährdungsbeurteilung beim Einsatz von KI erforderlich?*). Andererseits kann ein KI-System auch dem Arbeits- und Gesundheitsschutz im Rahmen von **Präventionsmaßnahmen,** zB zur Erkennung von Gefahren oder Assistenz bei Gesundheitsgefahren, oder dem aktiven Arbeits- und Gesundheitsschutz dienen (→ *Frage 63: Was unterliegt der Mitbestimmung gem. § 87 Abs. 1 Nr. 7 BetrVG?*).

63. Was unterliegt der Mitbestimmung gem. § 87 Abs. 1 Nr. 7 BetrVG?

Gem. § 87 Abs. 1 Nr. 7 BetrVG hat der Betriebsrat über Regelungen zur Verhütung von Arbeitsunfällen und Berufskrankheiten sowie über den Gesundheitsschutz im Rahmen der gesetzlichen Vorschriften oder der Unfallverhütungsvorschriften mitzubestimmen („**Arbeits- und Gesundheitsschutz**"). Insbesondere kommt dem Betriebsrat bei der Aufstellung von Gefährdungsbeurteilungen nach dieser Vorschrift ein Mitbestimmungsrecht zu. Im Zusammenhang mit der Einführung und Anwendung von KI-Systemen kann der Mitbestimmungstatbestand im Wesentlichen in zwei Konstellationen eine Rolle spielen:

- das KI-System ist Gegenstand einer Gefährdungsbeurteilung, da von ihm selbst **Gesundheitsgefahren** für Arbeitnehmer ausgehen können (Überblick hierzu bei Hensiek ARP 2023, 354), oder
- das KI-System wird im Rahmen des Arbeits- und Gesundheitsschutzes als **Hilfsmittel** eingesetzt.

Ob von einem KI-System eine Gesundheitsgefahr ausgeht, ist im Rahmen einer Gefährdungsbeurteilung zu ermitteln, § 5 ArbSchG. Dabei unterliegt die Aufstellung der Gefährdungsbeurteilung, dh die Art und Weise der Gefahrenermittlung, der Mitbestimmung des Betriebsrats (Fitting BetrVG § 87 Rn. 306). Gegenstand der Mitbestimmung ist die Organisation und Durchführung einer Gefährdungsbeurteilung.

Wird ein KI-System im **Arbeits- und Gesundheitsschutz** als Hilfsmittel eingesetzt, kann dics der Mitbestimmung gem. § 87 Abs. 1 Nr. 7 BetrVG unterliegen. Zudem kommt häufig eine Mitbestimmung gem. § 87 Abs. 1 Nr. 6 BetrVG in Betracht. Praktische Anwendungsbeispiele können sein:

- Erstellung und Fortschreibung von Gefährdungsbeurteilungen mithilfe von Chatbots,
- **Risikoanalyse** und -prognose durch KI-Systeme zu Präventionszwecken,
- KI-gesteuerte Prothesen in der betrieblichen Rehabilitation,
- Durchführung von **Arbeitsschutzschulungen** durch KI-Systeme mithilfe von Chatbots,
- Durchführung der **Unterweisung** gem. § 12 ArbSchG mittels KI-Systemen.

Praxistipp

Die Chancen des Einsatzes von KI-Systemen im Arbeits- und Gesundheitsschutz sollten von den Betriebsparteien im Blick behalten und bei Bedarf genutzt werden. Die ordnungsgemäße Beurteilung von Gefährdungen, die von einem KI-System ausgehen können, kann in der Belegschaft die Akzeptanz für dessen Einsatz erhöhen, Vorbehalte beseitigen und damit einen Baustein für die erfolgreiche Einführung im Betrieb darstellen.

64. Welche Rolle spielt KI bei Gefährdungsbeurteilungen?

Ein KI-System kann Gegenstand einer Gefährdungsbeurteilung seiner gesundheitlichen Gefahren für Arbeitnehmer sein oder im Rahmen der Umsetzung des Arbeits- und Gesundheitsschutzes eingesetzt werden (→ *Frage 65: Ist eine Gefährdungsbeurteilung beim Einsatz von KI erforderlich?*).

Im Rahmen der Mitbestimmung über eine Gefährdungsbeurteilung kann der Betriebsrat die Art und Weise der Gefahrenermittlung mitgestalten. Hinsichtlich des Einsatzes von KI-Systemen im Betrieb sind im Rahmen der Gefahrenermittlung spezifische KI-Themen zu beachten. Dabei können sich insbesondere folgende Fragestellungen ergeben:

- Welche gesundheitlichen Auswirkungen physischer und psychischer Art kann das KI-System auf die Arbeitnehmer haben?
- Geht von dem KI-System eine besondere Belastungssituation aus?
- Wird durch das KI-System die Arbeitsbelastung erhöht oder verringert?
- Entwertet das KI-System die menschliche Arbeit und führt dies zu Belastungen?
- Unterliegt das KI-System einer Kontrolle und wenn ja, welcher?

Werden im Rahmen einer Gefährdungsbeurteilung Gefahren festgestellt, sind durch den Arbeitgeber Abhilfemaßnahmen zu veranlassen. Diese können ebenfalls der Mitbestimmung des Betriebsrats unterliegen.

Ein Mitbestimmungsrecht besteht zudem bei der **Ausgestaltung der Unterweisung** gem. § 12 ArbSchG. Gerade diese Unterweisung ist ein denkbarer Anwendungsbereich von KI-Systemen (Klindt ARP 2023, 353). Der Betriebsrat wird in diesem Zusammenhang ein Mitbestimmungsrecht haben, ob überhaupt ein KI-System für Unterweisungen eingesetzt wird (→ *Frage 23: Kann mittels KI eine arbeitsschutzrechtliche Unterweisung vorgenommen werden?*).

65. Ist eine Gefährdungsbeurteilung beim Einsatz von KI erforderlich?

Wird eine KI als Arbeitsmittel verwendet, kann dies bei einer Gefährdungsbeurteilung zu berücksichtigen sein. Dabei können insbesondere die von einem KI-System ausgehenden psychischen Gefährdungen, zB eine etwaige Arbeitsverdichtung oder ein höherer Kontrolldruck, eine Rolle spielen (Hensiek ARP 2023, 354; → *Frage 22: Welche Auswirkungen hat ein KI-Einsatz auf den Arbeitsschutz?*).

Ob und ggf. was im Rahmen einer Gefährdungsbeurteilung zu berücksichtigen ist, hängt unmittelbar von dem konkreten KI-System ab. Die durchzuführende Gefährdungsbeurteilung unterliegt der Mitbestimmung gem. § 87 Abs. 1 Nr. 7 BetrVG (→ *Frage 64: Welche Rolle spielt KI bei Gefährdungsbeurteilungen?*).

VIII. Mitbestimmung in personellen Angelegenheiten

In diesem Kapitel geht es um die Frage, welche Mitbestimmungsrechte der Betriebsrat in personellen Angelegenheiten hat, wenn KI-Systeme eingesetzt werden. Behandelt werden die Auswirkungen von KI auf Auswahlrichtlinien, Personalfragebogen, Beurteilungsgrundsätze sowie auf Einstellungen, Versetzungen und Eingruppierungen. Außerdem wird erläutert, wie KI-gestützte Entscheidungen in personellen Einzelmaßnahmen einzuordnen sind, welche Grenzen es gibt und welchen Einfluss die KI auf Beteiligungsverfahren nach den §§ 99 und 102 BetrVG haben kann.

66. Welche Mitbestimmungsrechte kommen in personellen Angelegenheiten in Betracht?

Eine zentrale Rolle bei der Mitbestimmung in personellen Angelegenheiten im Zusammenhang mit KI-Systemen spielen **Auswahlrichtlinien** gem. § 95 Abs. 1 und Abs. 2 BetrVG. Zudem kommt ein KI-spezifisches Mitbestimmungsrecht bei **Personalfragebögen und Beurteilungsgrundsätzen** in Betracht (→ *Frage 74: Wann besteht ein Mitbestimmungsrecht bei Personalfragebögen und Beurteilungsgrundsätzen?*; → *Frage 75: Welchen Einfluss hat KI auf Personalfragebögen und Beurteilungsgrundsätze?*).

Im Rahmen der Mitbestimmung gem. **§ 99 und § 102 BetrVG** haben KI-Systeme in erster Linie indirekte Bedeutung für die bereits genannten Auswahlrichtlinien. Gem. § 99 Abs. 2 Nr. 2 BetrVG und § 102 Abs. 3 Nr. 2 BetrVG kann die Zustimmung zu einer personellen Einzelmaßnahme oder Kündigung verweigert werden, wenn diese gegen eine Auswahlrichtlinie verstößt (→ *Frage 77: Welchen Einfluss kann KI auf die Mitbestimmung gem. § 99 BetrVG haben?*; → *Frage 82: Welchen Einfluss kann KI auf die Mitbestimmung bei Kündigungen haben?*).

67. Was sind Auswahlrichtlinien und wann besteht ein Mitbestimmungsrecht bei der Aufstellung?

Gem. § 95 Abs. 1 S. 1 BetrVG unterliegen Richtlinien über die personelle Auswahl bei Einstellungen, Versetzungen, Umgruppierungen und Kündigungen („**Auswahlrichtlinien**") der Mitbestimmung des Betriebsrats. Gem. § 95 Abs. 2 BetrVG hat der Betriebsrat in Betrieben mit in der Regel mehr als 500 Arbeitnehmern ein **Initiativrecht** auf Einführung von Auswahlrichtlinien. Das Mitbestimmungsrecht nach Abs. 1 besteht, wenn ein Arbeitgeber erstmals eine entsprechende Auswahlrichtlinie aufstellt oder eine bestehende Auswahlrichtlinie ändert. In **§ 95 Abs. 2a BetrVG** ist nunmehr klargestellt, dass auch ein Mitbestimmungsrecht des Betriebsrats besteht, wenn die Aufstellung der Auswahlrichtlinie durch KI erfolgt.

Auswahlrichtlinien sind **abstrakt-generelle Grundsätze**, mit denen die für die jeweilige personelle Auswahl maßgeblichen **fachlichen, persönlichen oder sozialen Gesichtspunkte** gewichtet werden (BAG 26.7.2005 – 1 ABR 29/04). Nicht der Mitbestimmung unterliegen danach allgemeine Stellenausschreibungen, Tätigkeitbeschreibungen, und Anforderungsprofile.

Der Betriebsrat hat bei der Aufstellung von Auswahlrichtlinien ein Mitbestimmungsrecht hinsichtlich

- der **Auswahlkriterien** und deren **Gewichtung** im Auswahlprozess und
- bei der Festlegung der **Erkenntnisquellen** für die Ermittlung der Auswahlkriterien.

Beispiel

Beispiele für Auswahlkriterien

- *Lebensalter*
- *Berufserfahrung*
- *Unterhaltspflichten*
- *Abschlüsse / Zeugnisnoten*

Beispiele für Erkenntnisquellen

- *Bewerbungsschreiben / Lebensläufe*
- *Social-Media-Profile*
- *Arbeitszeugnisse / dienstliche Beurteilungen*

- *Fragebögen*
- *Ärztliche Untersuchungen*
- *Öffentliche Verzeichnisse*

68. Welche Rolle kann KI bei Auswahlrichtlinien spielen?

Die Aufstellung von Auswahlrichtlinien ist ein relevantes Anwendungsbeispiel für KI-Systeme. Ein KI-System kann zB eingesetzt werden, um den Personalbestand im Betrieb zu analysieren und hieraus Kriterien und deren Gewichtung für die **Sozialauswahl** bei betriebsbedingten Kündigungen zu ermitteln. Auch kann anhand von Tätigkeitsbeschreibungen ein konkretes Auswahlschema für Bewerber bei Neueinstellungen generiert werden. Anschließend kann eine automatisierte Analyse von Bewerbungsunterlagen für die Entscheidung über eine Einstellung erfolgen. Das KI-System kann mit umfangreichen Personaldaten und Anforderungen an Stellen trainiert werden und auf dieser Basis zielgenaue Auswahlrichtlinien aufstellen. Dementsprechend werden KI-Systeme im Bereich **Recruiting** und zB bei **Beförderungsentscheidungen** im Betrieb eingesetzt.

Im Zusammenhang mit Auswahlrichtlinien können einem KI-System im Wesentlichen zwei Hauptanwendungen zufallen, insbesondere

- die erstmalige **Aufstellung** von Auswahlrichtlinien anhand betrieblicher Kriterien und
- die **Anwendung** einer von Menschen geschaffenen oder KI-generierten Auswahlrichtlinie auf eine konkrete Auswahlentscheidung.

69. Was unterliegt der Mitbestimmung bei der Aufstellung von Auswahlrichtlinien im Zusammenhang mit KI?

In jedem Fall ist die **Aufstellung** von Auswahlrichtlinien mitbestimmungspflichtig. Aufgrund des eindeutigen Wortlauts unterliegt dagegen die **Anwendung** einer Auswahlrichtlinie durch ein KI-System nicht der Mitbestimmung nach § 95 Abs. 1 BetrVG. Hierbei ergeben sich keine Unterschiede im Vergleich zu rein von einem Menschen erstellten und angewandten Auswahlrichtlinien. Allerdings wird die Anwendung einer Auswahlrichtlinie durch ein KI-System regelmäßig der Mitbestimmung gem. § 87 Abs. 1 Nr. 6 BetrVG unterliegen (→ *Frage 57: Ist eine KI eine „technische Einrichtung" gem. § 87 Abs. 1 Nr. 6 BetrVG?*).

Plant der Arbeitgeber also, die Aufstellung von Auswahlrichtlinien einem KI-System zu übertragen, unterliegt bereits das **„Ob"** der Mitbestimmung. Der Betriebsrat kann sich also dafür einsetzen, dass Auswahlrichtlinien weiterhin von Menschen aufgestellt werden. Im Streitfall entscheidet hierüber die Einigungsstelle (→ *Frage 70: Was passiert, wenn Arbeitgeber und Betriebsrat sich nicht über Auswahlrichtlinien einigen können?*). Der Betriebsrat kann nicht die Verwendung eines KI-Systems für Auswahlrichtlinien verlangen.

Sind sich die Betriebsparteien darüber einig, dass ein KI-System zur Aufstellung von Auswahlrichtlinien eingesetzt werden soll, unterliegen die Festlegung der Auswahlkriterien und deren Gewichtung der Mitbestimmung.

Schwieriger gestaltet sich die Mitbestimmung, wenn das KI-System schon dafür eingesetzt werden soll, sinnvolle Kriterien für eine Auswahlrichtlinie und eine sinnvolle Gewichtung der Kriterien zu ermitteln. Dies kann zB dadurch erfolgen, dass das KI-System mit Arbeitnehmerdaten und Arbeitsplatzdaten aus dem Betrieb trainiert wird und hieraus Schlussfolgerungen trifft. Gegenstand der Mitbestimmung kann dann sein:

- Auswahl und Begrenzung von Trainingsdaten,
- Ausschluss bestimmter Auswahlkriterien, die von dem KI-System nicht berücksichtigt werden dürfen und
- allgemeine Vorgaben zur Gewichtung von Kriterien.

70. Was passiert, wenn Arbeitgeber und Betriebsrat sich nicht über Auswahlrichtlinien einigen können?

Kommt eine Einigung über eine Auswahlrichtlinie nicht zustande, kann der Arbeitgeber die **Einigungsstelle** anrufen. Diese kann dann verbindlich –

dh durch Spruch – über die Auswahlrichtlinie entscheiden, § 95 Abs. 1 BetrVG. In Betrieben mit **mehr als 500 Arbeitnehmern** können sowohl Arbeitgeber als auch der Betriebsrat die Einigungsstelle anrufen, § 95 Abs. 2 BetrVG.

Der Betriebsrat kann im Wege der Einigungsstelle nicht erzwingen, dass der Arbeitgeber ein KI-System für die Aufstellung von Auswahlrichtlinien einsetzt. Diese Entscheidung obliegt allein dem Arbeitgeber.

71. Bestehen Mitbestimmungsrechte bei der Änderung von Auswahlrichtlinien?

Grundsätzlich unterliegt auch die Änderung von Auswahlrichtlinien der Mitbestimmung des Betriebsrates, wenn durch die Änderung die Auswahlkriterien oder deren Gewichtung angepasst werden.

Im Zusammenhang mit dem Einsatz von KI-Systemen bei Auswahlrichtlinien ist insoweit problematisch, dass die KI in der Regel als ein sich ständig **weiterentwickelndes, „selbstlernendes" System** beschaffen ist. Es ist also in dem KI-System angelegt, dass es die Auswahlrichtlinien fortwährend an sich ändernde Umstände anpassen kann. Für die Betriebsparteien kann sich dabei das Problem stellen, dass die Änderungen nicht immer nachvollzogen werden können („**Blackbox**"), ggf. unbemerkt bleiben und somit die sachgerechte Mitbestimmung nicht immer sichergestellt werden kann. Besteht der Betriebsrat hier auf einem umfassenden Mitbestimmungsrecht, ist der Einsatz der KI unter Umständen nicht möglich.

Praxistipp

Ist der Betriebsrat grundsätzlich mit dem Einsatz eines KI-Systems bei der Aufstellung von Auswahlrichtlinien einverstanden, kann er auf einem umfassenden Mitbestimmungsrecht bei der Änderung der Auswahlrichtlinien bestehen. Dies würde bei selbstlernender KI unter Umständen einem sinnvollen Einsatz der KI entgegenstehen bzw. sie wäre dadurch ihrer Vorteile beraubt. In diesem Fall sollte der Betriebsrat zumindest darauf bestehen, dass der Arbeitgeber in der Lage sein muss, jederzeit die Funktionsweise und den aktuellen Stand der Auswahlrichtlinie darlegen zu können. Erhält der Betriebsrat diese Informationen regelmäßig, kann er seine Mitbestimmungsrechte sachgerecht prüfen. Stellt er dabei Änderungen an der Auswahlrichtlinie fest, mit denen er nicht einverstanden ist, kann er mit dem Arbeitgeber Verhandlungen über eine Anpassung aufnehmen.

Grundsätzlich muss der Arbeitgeber immer in der Lage sein, den aktuellen Inhalt einer Auswahlrichtlinie zu benennen. Beruhen **personelle Einzelmaßnahmen** – Einstellung, Versetzung und Umgruppierung – auf einer Auswahlrichtlinie, muss der Arbeitgeber die Anwendung der Auswahlrichtlinie auch im Rahmen der **Anhörung des Betriebsrats** gem. § 99 Abs. 1 BetrVG erläutern können. Gleiches gilt bei der Anhörung des Betriebsrats vor Ausspruch einer Kündigung (→ *Frage 73: Welchen Einfluss haben KI-generierte Auswahlrichtlinien auf § 99 BetrVG und § 102 BetrVG?*).

72. Kann der Betriebsrat den Einsatz von KI bei der Aufstellung von Auswahlrichtlinien verlangen?

Nein, der Betriebsrat hat **kein Initiativrecht** für eine bestimmte Art und Weise der Aufstellung von Auswahlrichtlinien. Die Frage, ob bei der Aufstellung von Auswahlrichtlinien ein KI-System zum Einsatz kommt, entscheidet allein der Arbeitgeber.

73. Welchen Einfluss haben KI-generierte Auswahlrichtlinien auf § 99 BetrVG und § 102 BetrVG?

Bestehen im Betrieb Auswahlrichtlinien, muss der Arbeitgeber diese bei personellen Einzelmaßnahmen gem. § 99 Abs. 1 BetrVG – **Einstellung, Versetzung und Umgruppierung** – anwenden. Das gleiche gilt bei Kündigungen. Verstößt der Arbeitgeber dabei gegen bestehende Auswahlrichtlinien, kann der Betriebsrat gem. § 99 Abs. 2 Nr. 2

BetrVG seine Zustimmung zu der personellen Einzelmaßnahme verweigern. Im Falle einer Kündigung kommt ein Widerspruch gegen diese in Betracht, § 102 Abs. 3 Nr. 2 BetrVG.

Problematisch kann in diesem Fall für den Arbeitgeber die hinreichende **Unterrichtung** des Betriebsrats sein. Kommen Auswahlrichtlinien zur Anwendung, muss der Arbeitgeber den Betriebsrat so unterrichten, dass dieser die Einhaltung der Auswahlrichtlinie überprüfen kann. Dies setzt voraus, dass bei einer von einem KI-System aufgestellten Auswahlrichtlinie die Auswahlkriterien und deren Gewichtung hinreichend **transparent** dargestellt werden können (zur „**Blackbox**"-Problematik → *Frage 71: Bestehen Mitbestimmungsrechte bei der Änderung von Auswahlrichtlinien?*).

Wendet ein KI-System lediglich eine von einem Menschen geschaffene Auswahlrichtlinie an, ist der Betriebsrat darüber zu unterrichten, wie die KI zu ihrem Entscheidungsvorschlag gekommen ist. Dafür ist es ausreichend, dass dem Betriebsrat die Bewerberdaten, Bewerbungsunterlagen und ggf. weitere vom KI-System gesammelte Daten mitgeteilt und vorgelegt werden.

74. Wann besteht ein Mitbestimmungsrecht bei Personalfragebögen und Beurteilungsgrundsätzen?

Gem. § 94 Abs. 1 und 2 BetrVG unterliegen Personalfragebögen und Beurteilungsgrundsätze der Mitbestimmung des Betriebsrats.

Ein **Personalfragebogen** gem. § 94 Abs. 1 S. 1 BetrVG ist die formularmäßige Zusammenfassung von Fragen über die persönlichen Verhältnisse und Qualifikationen, insbesondere Eignung, Kenntnisse und Fähigkeiten einer Person (BAG 2.12.1999 – 2 AZR 724/98). Sowohl die Einführung als auch die Änderung von Personalfragebögen ist mitbestimmungspflichtig (Fitting BetrVG § 94 Rn. 9).

Beurteilungsgrundsätze sind allgemeine Regelungen, die eine Bewertung des Verhaltens oder der Leistung der ArbN objektivieren und nach einheitlichen Kriterien ausrichten sollen (Fitting BetrVG § 94 Rn. 30). Das Ziel von Beurteilungsgrundsätzen ist die Vereinheitlichung der Bewertung von Arbeitnehmern zB zur Bemessung von Zielerreichungen oder der Qualität und Quantität von Arbeitsergebnissen. Beispiele sind

- Testverfahren,
- turnusmäßige (Leistungs-)Beurteilungen, oder
- systematische Auswertungen von Bewerbungsunterlagen.

→ *Frage 76: Was unterliegt der Mitbestimmung bei Personalfragebögen und Beurteilungsgrundsätzen?*

75. Welchen Einfluss hat KI auf Personalfragebögen und Beurteilungsgrundsätze?

KI-Systeme können im Rahmen von Personalfragebögen und Beurteilungsgrundsätzen eine zentrale Rolle spielen. Die KI kann dabei sowohl dafür genutzt werden, Personalfragebögen und Beurteilungsgrundsätze anhand der betrieblichen Notwendigkeiten aufzustellen, als auch diese systematisch auszuwerten.

Relevante Anwendungsfelder sind zB

- **Bewerbermanagement-Tools**,
- digitale **Assessment-Center**,
- Personalbefragungen durch **Chatbots**.

Da der Einsatz eines KI-Systems die Verarbeitung besonders großer Datenmengen ermöglicht und die KI häufig in der Lage ist, Daten in besonderem Maße zu systematisieren und Zusammenhänge zu analysieren, ist der Einsatz bei Personalfragebögen und Beurteilungsgrundsätzen relevant. Es besteht allerdings die Gefahr von „**gläsernen Arbeitnehmern**". Andererseits kann der Einsatz von KI gerade eine objektive Beurteilung von Arbeitnehmern ermöglichen. Der konkrete Einsatz sollte daher vom Betriebsrat genau beurteilt und abgewogen werden.

Soll ein KI-System hinsichtlich Personalfragebögen oder Beurteilungsgrundsätzen weitgehend autonom agieren, kann dies die Mitbestimmung des Betriebsrats begrenzen. In diesem Fall können allenfalls **abstrakte Regelungen** zum Einsatz des KI-Systems mitbestimmt werden. Dies können zB sein:

- Verbot der Anwendung bestimmter Kriterien für das KI-System,

- Definition eines Mindestkataloges von Beurteilungskriterien,
- Regeln zur Überwachung der Ergebnisse der KI,
- Auskunfts- und Einsichtsrechte für den Betriebsrat.

76. Was unterliegt der Mitbestimmung bei Personalfragebögen und Beurteilungsgrundsätzen?

Bei **Personalfragebögen** unterliegt in erster Linie deren Inhalt der Mitbestimmung. Soll daher ein Personalfragebogen durch eine KI erstellt werden, können die Vorgaben an das KI-System der Mitbestimmung unterliegen.

Der Mitbestimmung bei **Beurteilungsgrundsätzen** unterliegt sowohl das **Verfahren,** wie eine Beurteilung zu Stande kommt, als auch die Frage, nach welchen **Grundsätzen** die Beurteilung erfolgt. Verfahren können zB sein:

- Assessment-Center,
- Mitarbeitergespräche,
- digitale Testverfahren.

Sowohl hinsichtlich Personalfragenbögen als auch Beurteilungsgrundsätzen hat der Betriebsrat ein Mitbestimmungsrecht, ob ein KI-System zum Einsatz kommt. Der Einsatz einer KI gehört zum Verfahren und ist daher mitbestimmungspflichtig. Darüber hinaus kommt in diesen Fällen ein Mitbestimmungsrecht gem. § 87 Abs. 1 Nr. 6 BetrVG in Betracht.

Die Entscheidung über die Einführung von Beurteilungsgrundsätzen und Personalfragebögen obliegt allein dem Arbeitgeber. Dem Betriebsrat kommt **kein Initiativrecht** zu.

77. Welchen Einfluss kann KI auf die Mitbestimmung gem. § 99 BetrVG haben?

Wird ein KI-System im Betrieb eingeführt, kann dies aufgrund der Änderung von Tätigkeiten zu **Versetzungen** (→ *Frage 79: Kann die Einführung oder Anwendung eines KI-Systems eine Versetzung darstellen?*) und **Umgruppierungen** (→ *Frage 80: Kann die Einführung eines KI-Systems Auswirkungen auf die Eingruppierung haben?*) führen, die der Mitbestimmung gem. § 99 Abs. 1 BetrVG unterliegen.

Ein Verstoß gegen eine von einem KI-System aufgestellte **Auswahlrichtlinie** (→ *Frage 69: Was unterliegt der Mitbestimmung bei der Aufstellung von Auswahlrichtlinien im Zusammenhang mit KI?*) kann den Betriebsrat zur Verweigerung der Zustimmung zu der personellen Einzelmaßnahme gem. § 99 Abs. 2 Nr. 2 BetrVG berechtigen.

78. Kann die Einführung eines KI-Systems eine Einstellung gem. § 99 Abs. 1 BetrVG darstellen?

Die Einführung eines KI-Systems im Betrieb stellt **keine Einstellung** gem. § 99 Abs. 1 BetrVG dar, da eine KI kein Arbeitnehmer sein kann (→ *Frage 5: Kann KI „Arbeitnehmer" gem. § 5 BetrVG sein?*).

79. Kann die Einführung oder Anwendung eines KI-Systems eine Versetzung darstellen?

Die Auswirkungen der Einführung von KI für die betroffenen Arbeitnehmer können die **Merkmale einer Versetzung** gem. § 95 Abs. 3 BetrVG erfüllen. Eine Versetzung kann insbesondere vorliegen, wenn

- eine bisher analoge Tätigkeit auf eine **digitale Tätigkeit** mit KI-Systemen umgestellt wird,
- wesentliche Teile der bisherigen Tätigkeit eines Arbeitnehmers durch ein KI-System übernommen oder ersetzt werden (zB Übersetzungstätigkeiten eines Dolmetschers),
- wenn der Einsatz bzw. die Anwendung eines KI-Systems erheblich **höhere Anforderungen** an Arbeitnehmer stellt, sodass es sich quasi um eine neue (Teil-)Tätigkeit handelt.

Die Veränderung muss in jedem Fall so erheblich sein, dass sich das Gesamtbild der Tätigkeit ändert

(BAG 29.9.2020 – 1 ABR 21/19). In diesem Fall ist der Betriebsrat hinsichtlich einer Versetzung zu beteiligen (vgl. auch Müller/Becker/Funke/Becker, KI im Arbeitsverhältnis, § 4 Rn. 44).

Eine Versetzung ist auch denkbar, wenn mit der Einführung der KI eine **Matrixstruktur** geschaffen wird, dh wenn Arbeitnehmer mehrerer Betriebe zentral dem Weisungsrecht einer in einem anderen Betrieb befindlichen KI unterworfen werden (zu Versetzungen in Matrixstrukturen Bachner NZA 2019, 134).

80. Kann die Einführung eines KI-Systems Auswirkungen auf die Eingruppierung haben?

Die Eingruppierung von Arbeitnehmern richtet sich stets nach der konkret ausgeübten Tätigkeit. Ändert sich die Tätigkeit, kann eine andere Eingruppierung in Betracht kommen. Dabei ist sowohl eine höhere als auch eine niedrigere Eingruppierung möglich.

Wird die Tätigkeit von Arbeitnehmern aufgrund der Einführung eines KI-Systems komplexer, kann dies – je nach Tarifvertrag oder Entgeltschema – eine **höhere Eingruppierung** rechtfertigen. Dies kommt vor allem dann in Betracht, wenn aufgrund der komplexeren Tätigkeit die Tätigkeitsmerkmale einer höheren Entgeltgruppe erfüllt werden. Dies kann insbesondere der Fall sein, wenn die Einführung der KI zugleich eine **Versetzung** darstellt (→ *Frage 17: Hat der Einsatz von KI im Betrieb Auswirkungen auf die Vergütung der Arbeitnehmer?*; → *Frage 79: Kann die Einführung oder Anwendung eines KI-Systems eine Versetzung darstellen?*)

Die Einführung eines KI-System kann aber auch dann relevant für die Eingruppierung von Arbeitnehmern sein, wenn sich aufgrund der Einführung von KI die Arbeitsaufgaben der Arbeitnehmer erheblich ändern und zB Verantwortungsbereiche entfallen oder die Aufgabenerledigung weniger komplex wird. In diesem Fall kann die Tätigkeit der Arbeitnehmer **niedriger** einzugruppieren sein. Die Eingruppierung folgt in diesem Fall aus der Änderung der Tätigkeit. Die Übertragung der geänderten Tätigkeit auf den Arbeitnehmer ist in der Regel nur im Wege einer Änderungskündigung möglich.

81. Darf ein KI-System eine abschließende Entscheidung über eine personelle Einzelmaßnahme treffen?

Aufgrund der Vorgaben von **Art. 22 DSGVO** darf ein KI-System **keine abschließende Entscheidung** über eine personelle Einzelmaßnahme, dh Einstellung, Versetzung, Eingruppierung und Umgruppierung, treffen (→ *Frage 14: Dürfen Arbeitgeberentscheidungen mittels KI automatisiert werden?*). Eine solche Entscheidung muss stets durch einen Menschen getroffen werden.

Dies schließt nicht aus, dass eine entsprechende Entscheidung durch ein KI-System vorbereitet wird, indem zB die KI eine **Vorauswahl** aus Bewerbern trifft und dem Arbeitgeber ein Ranking für eine Einstellung ausgibt. Dies kommt insbesondere bei Auswahlentscheidungen aufgrund von Auswahlrichtlinien in Betracht (→ *Frage 68: Welche Rolle kann KI bei Auswahlrichtlinien spielen?*). Die gleichen Grundsätze gelten auch für den Ausspruch einer **Kündigung**.

Der Betriebsrat ist im Rahmen der **Anhörung** gem. § 99 Abs. 1 BetrVG und § 102 Abs. 1 BetrVG ggfs. darüber zu informieren, dass die konkrete personelle Einzelmaßnahme auf einer menschlichen Entscheidung beruht und auf welcher Grundlage diese getroffen wurde.

82. Welchen Einfluss kann KI auf die Mitbestimmung bei Kündigungen haben?

Ein KI-System kann im Zusammenhang mit Kündigungen in verschiedenen Stadien relevant sein, dh

- die Einführung eines KI-Systems kann einen **Kündigungsgrund** darstellen, wenn hierdurch betriebsbedingt Arbeitsplätze entfallen oder die fehlende Qualifikation der Arbeitnehmer eine personenbedingte Kündigung rechtfertigt (siehe umfassend dazu Müller/Becker/Funke/Müller KI im Arbeitsverhältnis § 5 Rn. 1 ff.),
- ein KI-System kann für die **Vorbereitung einer Kündigungsentscheidung** des Arbeitgebers eingesetzt werden, zB bei Durchführung einer

Sozialauswahl im Rahmen betriebsbedingter Kündigungen,

- ein KI-System kann bei **Durchführung eines Kündigungsverfahrens** eingesetzt werden, zB zur Vorbereitung der Anhörung des Betriebsrats.

In erster Linie kann bei einer Sozialauswahl gem. § 1 Abs. 2 KSchG durch eine **Auswahlrichtlinie** KI zur Anwendung kommen (→ *Frage 68: Welche Rolle kann KI bei Auswahlrichtlinien spielen?*). In diesem Fall wird die Kündigungsentscheidung des Arbeitgebers durch eine KI vorbereitet.

Im Rahmen der Anhörung nach § 102 BetrVG ist der Betriebsrat darüber zu unterrichten, ob die Kündigungsentscheidung auf einer Auswahlrichtlinie beruht. Wurde diese von einer KI generiert, ist der Betriebsrat hierüber ebenso sowie über das Auswahlergebnis zu unterrichten (→ *Frage 73: Welchen Einfluss haben KI-generierte Auswahlrichtlinien auf § 99 BetrVG und § 102 BetrVG?*).

IX. Mitbestimmung in wirtschaftlichen Angelegenheiten

In diesem Kapitel wird dargestellt, wann der Einsatz von KI wirtschaftliche Mitbestimmungsrechte des Betriebsrats auslösen kann. Im Mittelpunkt stehen die Beteiligungsrechte des Betriebsrats bei Betriebsänderungen, wie etwa grundlegende Veränderungen der Betriebsorganisation, der Arbeitsmethoden oder der technischen Anlagen aufgrund der Einführung von KI.

83. Kann der Einsatz von KI zu einer Mitbestimmung in wirtschaftlichen Angelegenheiten führen?

Der Einfluss von KI-Systemen auf die Arbeitswelt ist erheblich und kann verschiedene Auswirkungen haben. Besonders relevant kann der **Wegfall von Arbeitsplätzen** aufgrund der Einführung von KI und die **grundlegende Änderung der Tätigkeiten** im Betrieb sein. Daher hat im Einzelfall auch eine Mitbestimmung in wirtschaftlichen Angelegenheiten zu erfolgen.

84. Wann kann eine Betriebsänderung im Zusammenhang mit KI vorliegen?

Gem. § 111 S. 3 BetrVG liegt eine Betriebsänderung vor, wenn

1. ein ganzer Betrieb oder wesentliche Betriebsteile eingeschränkt oder stillgelegt werden,
2. ein ganzer Betrieb oder wesentliche Betriebsteile verlegt werden,
3. Betriebe zusammengeschlossen oder gespalten werden,
4. die Betriebsorganisation, der Betriebszweck oder die Betriebsanlagen grundlegend geändert werden, oder
5. grundlegend neue Arbeitsmethoden oder Fertigungsverfahren eingeführt werden.

Die Einführung und Anwendung von KI-Systemen kann nach allen vorstehenden Punkten eine Betriebsänderung zur Folge haben. Ein KI-bedingter Zusammenschluss von Betrieben oder die Aufspaltung wird allerdings in der Praxis eher selten festzustellen sein.

Insbesondere der Wegfall von Beschäftigungsbedarf infolge der Einführung einer KI kann zur **Stilllegung** von Betrieben oder wesentlichen Betriebsteilen, zB einer eigenständigen Werbeabteilung, führen. Eine Folge der Einführung von KI kann auch sein, dass der Betrieb oder Betriebsteile ins Ausland, zB aufgrund geringerer Stromkosten bei energieintensiven KI-Systemen, **verlegt** werden. Siehe ausführlich zu Betriebsänderungen aufgrund Stilllegung oder Personalabbau → *Betriebsänderungen / Einleitung*

Aufgrund der Übernahme von Arbeitsaufgaben durch ein KI-System kann daneben insbesondere eine **grundlegende Änderung der Betriebsorganisation**, von **Betriebsanlagen** (→ *Frage 85: Wann stellt der Einsatz von KI eine grundlegende Änderung der Betriebsorganisation oder von Betriebsanlagen dar?*) oder die Einführung grundlegend neuer **Arbeitsmethoden** vorliegen (→ *Frage 86: Wann stellt der Einsatz von KI eine grundlegend neue Arbeitsmethode dar?*).

Schließlich kann auch die **Abschaffung eines KI-Systems** im Betrieb eine Betriebsänderung darstellen, die § 111 S. 3 Nr. 4 oder 5 BetrVG unterfällt.

85. Wann stellt der Einsatz von KI eine grundlegende Änderung der Betriebsorganisation oder von Betriebsanlagen dar?

Eine Änderung der **Betriebsorganisation** ist dann gegeben, wenn der Betriebsaufbau insbesondere hinsichtlich Verantwortung und Zuständigkeiten in erheblicher Weise geändert wird (BAG 22.3.2016 – 1 ABR 12/14). Die Einführung von KI-Systemen kann insbesondere dann zu einer Änderung der Betriebsorganisation führen, wenn

- Weisungsrechte auf eine KI übertragen werden (→ *Frage 15: Inwieweit können Weisungen mittels KI erteilt werden?*),
- eine automatisierte Entscheidungsfindung durch eine KI erfolgt (→ *Frage 14: Dürfen Arbeitgeberentscheidungen mittels KI automatisiert werden?*),
- Arbeitsaufgaben und -prozesse einer KI zur autonomen Bearbeitung übertragen werden.

In zahlreichen Fällen kann die Einführung von KI-Systemen zudem zu einer **Änderung von Betriebsanlagen** führen. Betriebsanlagen sind alle sachlichen Betriebsmittel, die der Verwirklichung des arbeitstechnischen Zwecks dienen. In diesem Fall liegt eine Betriebsänderung vor, wenn bisher menschlich gesteuerte Maschinen von einem KI-System autonom gesteuert werden oder eine KI zu einer vollständigen Änderung von Arbeitsaufgaben führt (zB Bildgestaltung durch KI statt durch Grafikdesigner).

Sowohl bei der Änderung der Betriebsorganisation als auch bei den Betriebsanlagen muss die Änderung **grundlegenden Charakter** haben. Ein grundlegender Charakter kann vorliegen, wenn

- Führungsaufgaben vollständig von Menschen auf ein KI-System übertragen werden,
- die Arbeitsorganisation ganz oder teilweise von einem KI-System übernommen wird,
- Arbeitsaufgaben vollständig durch ein KI-System übernommen werden (zB Einsatz autonomer Systeme in der Logistik),
- im Betrieb von einer analogen auf eine digitale Arbeitsweise mittels KI umgestellt wird.

An einem grundlegen Charakter kann es fehlen, wenn

- bestehende Arbeitsprozesse lediglich um KI erweitert werden (zB Ergänzung von Microsoft Office um Microsoft Copilot),
- bestehende KI-Systeme lediglich um weitere Funktionen ergänzt werden.

86. Wann stellt der Einsatz von KI eine grundlegend neue Arbeitsmethode dar?

Die Einführung und Anwendung von KI-Systemen kann eine **grundlegend neue Arbeitsmethode** iSv § 111 S. 3 Nr. 5 BetrVG darstellen. Unter Arbeitsmethode versteht man die Gestaltung der menschlichen Arbeit und deren Einfügung in die arbeitstechnische Zweckverfolgung (BAG 22.3.2016 – 1 ABR 12/ 14). Das Merkmal der Arbeitsmethode knüpft daran an, dass sich die Tätigkeit eines Menschen ändert. Wird die menschliche Tätigkeit vollständig durch ein KI-System ersetzt, liegt eher eine Betriebsänderung in Form der Änderung der Betriebsorganisation vor (→ *Frage 85: Wann stellt der Einsatz von KI eine grundlegende Änderung der Betriebsorganisation oder von Betriebsanlagen dar?*).

Eine Arbeitsmethode ist erst dann **„neu“**, wenn nicht nur bestehende Arbeitsmethoden angepasst werden, sondern die Arbeitsmethode an die Stelle der alten Arbeitsmethode tritt. Die Arbeitsmethode muss sich mithin als etwas „anderes“ darstellen. Beispiele hierfür können sein:

- Einsatz von KI in kreativen Prozessen (Komposition, Bildgestaltung, Videogestaltung) statt Einsatz menschlicher Kreativität,
- Durchführung von Beratungsprozessen mittels KI (zB ein Mitarbeiter plant Küchen nicht selbst, sondern gibt Kundenwünsche in eine KI ein, die die Küchenplanung erstellt),
- Übernahme von Lektoratsaufgaben durch eine KI.

Keine grundlegende Änderung von Arbeitsmethoden liegt vor, wenn bestehende Arbeitsmethoden lediglich um KI ergänzt werden oder eine bereits eingesetzte KI angepasst wird.

Praxistipp

Für den Betriebsrat kann die Beurteilung schwierig sein, ob die Einführung eines KI-Systems grundlegend neue Arbeitsmethoden zur Folge hat. Zur besseren Beurteilung kann der Betriebsrat seine Auskunftsansprüche nutzen (→ Frage 32: Welche Auskunfts- und Informationsansprüche hat der Betriebsrat im Zusammenhang mit dem Einsatz von KI?; → Frage 33: Worüber muss der Arbeitgeber gem. § 80 Abs. 2 BetrVG in Bezug auf KI unterrichten?) und ggf. einen KI-Sachverständigen hinzuziehen (→ Frage 41: Welche Voraussetzungen müssen für die Hinzuziehung eines KI-Sachverständigen erfüllt sein?).

87. Welche Rechte hat der Betriebsrat beim Vorliegen einer Betriebsänderung?

Die Rechte des Betriebsrats im Falle einer Betriebsänderung sind in §§ 111, 112, 112a BetrVG geregelt. Kommt es aufgrund der Einführung von KI-Systemen zu einer Betriebsänderung, dann

- ist der Betriebsrat rechtzeitig und umfassend zu **unterrichten** und die Betriebsänderung mit ihm zu **beraten**, § 111 S. 1 BetrVG und
- hat der Betriebsrat in Unternehmen mit mehr als 300 Arbeitnehmern Anspruch auf die Hinzuziehung eines **Beraters**, § 111 S. 2 BetrVG.

Weiterhin ist zwischen Betriebsrat und Arbeitgeber ein **Interessenausgleich** und **Sozialplan** zu verhandeln. Siehe dazu ausführlich → *Betriebsänderungen / Einleitung.*

88. Was können Inhalte eines Interessenausgleichs und Sozialplans im Zusammenhang mit der Einführung von KI sein?

Die möglichen Inhalte eines Interessenausgleichs und Sozialplans hängen maßgeblich von der Art des einzuführenden KI-Systems und dessen Auswirkungen auf den Betrieb ab. Von zentraler Bedeutung werden in der Regel folgende mit der Einführung eines KI-Systems verbundene Auswirkungen sein:

- der Wegfall von Arbeitsplätzen,
- die künftige Gefährdung von Arbeitsplätzen,
- Versetzungen bzw. Umgruppierungen in Folge der Veränderung der Tätigkeit,
- erhebliche Änderung an die Anforderungen einer Tätigkeit.

In Folge der Einführung eines KI-Systems kann es selbstverständlich auch zu mehreren der vorgenannten sowie weiteren Auswirkungen kommen.

Kommt es aufgrund der Einführung eines KI-Systems zum Wegfall von Arbeitsplätzen und folgen hieraus betriebsbedingte Kündigungen, werden im Sozialplan in der Regel **Abfindungen** für die betroffenen Arbeitnehmer geregelt. Kommt eine Weiterbeschäftigung in einem anderen Betrieb des Unternehmens in Betracht, können **Fahrtgelder und Umzugspauschalen** vereinbart werden. In einem entsprechenden Interessenausgleich wird häufig die Sozialauswahl geregelt.

Entfallen durch die Einführung eines KI-Systems nicht unmittelbar Arbeitsplätze, sind diese aber zukünftig bedroht (zB nachdem die „Anlernphase" der KI abgeschlossen ist), kann in einem Interessenausgleich zB für einen bestimmten Zeitraum der Ausschluss des Abbaus von Arbeitsplätzen oder der **Verzicht auf betriebsbedingte Kündigungen** vereinbart werden.

Eine erhebliche Bedeutung können zukünftig auch sog. **Qualifizierungssozialpläne** gewinnen (s. dazu ausführlich Röder/Gebert NZA 2017, 1289). Zwar ist die Qualifizierung von Arbeitnehmern anstelle von betriebsbedingten Gründen grundsätzlich kein erzwingbarer Gegenstand eines Sozialplans. Allerdings können sich die Betriebsparteien darauf verständigen, dass Arbeitnehmer eines Betriebes für grundlegend neue Anforderungen an ihre Tätigkeit in Folge der Einführung von KI-Systemen entsprechend qualifiziert werden. Dies kann dann auch einem Arbeitsplatzverlust vorbeugen.

Praxistipp

Der Betriebsrat hat in Unternehmern mit regelmäßig mehr als 300 beschäftigten Arbeitnehmern einen Anspruch auf Hinzuziehung eines Beraters, § 111 S. 2 BetrVG. Dieser kann den Betriebsrat bei allen Fragen rund um den Interessenausgleich und Sozialplan unterstützen (ausführlich hierzu Fitting BetrVG § 111 Rn. 139 ff.). Kommt es hierbei zudem auf die Beurteilung von KI an, kommt die Hinzuziehung eines KI-Sachverständigen gem. § 80 Abs. 4 BetrVG in Betracht (→ Frage 41: Welche Voraussetzungen müssen für die Hinzuziehung eines KI-Sachverständigen erfüllt sein?).

X. Umsetzung der Mitbestimmung – KI-Betriebsvereinbarung

Dieses Kapitel erläutert, wie Mitbestimmungsrechte beim Einsatz von KI praktisch umgesetzt werden können, insbesondere durch den Abschluss von KI-spezifischen Betriebsvereinbarungen. Behandelt werden der Unterschied zwischen Einzel- und Rahmenvereinbarungen, außerdem Zuständigkeiten, Durchsetzungsmöglichkeiten sowie typische und empfehlenswerte Inhalte.

89. Wann muss eine Betriebsvereinbarung abgeschlossen werden?

Der Abschluss einer Betriebsvereinbarung ist regelmäßig in den Fällen der Mitbestimmung des Betriebsrats vorgesehen; eine Ausnahme bildet die Mitbestimmung in personellen Einzelmaßnahmen nach §§ 99 ff. BetrVG. Mit der Betriebsvereinbarung nimmt der Betriebsrat seine Mitbestimmungsrechte wahr. Dementsprechend ist im Zusammenhang mit der Einführung und Anwendung von KI-Systemen regelmäßig insbesondere in folgenden Fällen der Abschluss einer Betriebsvereinbarung erforderlich:

- Aufstellung einer Auswahlrichtlinie durch ein KI-System,
- Aufstellung von Beurteilungsrichtlinien und Personalfragebögen durch ein KI-System,
- im Fall der Mitbestimmung gem. § 87 BetrVG,
- bei Maßnahmen der Berufsbildung gem. §§ 97, 98 BetrVG, und
- bei Aufstellung eines Sozialplanes aufgrund einer Betriebsänderung.

Zum Teil kommen bei einzelnen Regelungsgegenständen auch **Regelungsabreden** in Betracht (siehe zu Regelungsabreden allgemein Fitting BetrVG § 77 Rn. 380 ff.).

90. Was ist der Unterschied zwischen einer KI-Betriebsvereinbarung und einer Rahmenbetriebsvereinbarung?

Eine Rahmenbetriebsvereinbarung stellt regelmäßig eine **freiwillige Betriebsvereinbarung** dar und kann von den Betriebsparteien in der Regel nicht erzwungen werden, dh ein Spruch der Einigungsstelle kommt nicht in Betracht.

Mit einer Rahmenbetriebsvereinbarung werden die zu regelnden Sachverhalte meist **nicht abschließend** geregelt, sondern es werden nur allgemeine Rahmenbedingungen zwischen den Betriebsparteien vereinbart.

Anders als eine reguläre Betriebsvereinbarung in mitbestimmungspflichtigen Angelegenheiten entfaltet eine Rahmenbetriebsvereinbarung ohne Vereinbarung **keine Nachwirkung**.

91. Wann empfiehlt sich der Abschluss einer Rahmenbetriebsvereinbarung?

Eine Rahmenbetriebsvereinbarung zum Einsatz von KI-Systemen im Betrieb bietet sich vor allem dann an, wenn **allgemeine Grundsätze** für die Einführung und Nutzung von KI-Systemen im Betrieb oder Unternehmen geschaffen werden sollen. Dies kann vor allem für Betriebe und Unternehmen relevant sein, in denen in größerem Umfang KI eingeführt werden soll.

Mit einer Rahmenbetriebsvereinbarung werden allgemeine Regelungen geschaffen, ohne – in der Regel – konkrete KI-Systeme zu regeln. Aus Sicht des Betriebsrats ist eine solche Vereinbarung sinnvoll, wenn von vornherein bestimmte Rahmenbedingungen festgelegt werden sollen, von denen der Arbeitgeber nicht abweichen darf. Dies kann zB unnötige Planungsprozesse verhindern. Aus Arbeitgebersicht gibt eine solche Vereinbarung einen klaren Rahmen vor, wobei unter anderem zwischen den Betriebsparteien klargestellt werden kann, unter welchen Bedingungen der Einsatz von KI akzeptabel ist.

Der Vorteil einer Rahmenbetriebsvereinbarung kann weiter darin liegen, dass die anschließende Regelung von einzelnen Systemen – je nach Ausgestaltung der Rahmenbetriebsvereinbarung – enorm abgekürzt, zumindest aber deutlich effizienter gestaltet werden kann (→ *Frage 95: Welche Inhalte kann eine KI-Rahmenbetriebsvereinbarung haben?*).

Vor- und Nachteile einer Rahmenbetriebsvereinbarung	
(+) Regelung von Mindeststandards für alle KI-Systeme im Betrieb	(-) Keine Erzwingbarkeit der Vereinbarung
(+) Schaffung von Rahmenbedingungen für die Einführung und Nutzung von KI	(-) Keine Nachwirkung der Regelungen ohne entsprechende Vereinbarung
(+) Straffung der Mitbestimmung bei der Einführung von KI-Systemen	(-) Keine Erschöpfung der Mitbestimmung, sodass uU weitere Betriebsvereinbarungen erforderlich sind
(+) Möglichkeit zur Regelung eines ständigen KI-Sachverständigen für den Betriebsrat	(-) Wegfall der Rahmenbetriebsvereinbarung kann auf einen Schlag erhebliche Regelungslücken auslösen

92. Wer ist für den Abschluss einer KI-Betriebsvereinbarung bzw. Rahmenvereinbarung zuständig?

Für den Abschluss einer KI-Betriebsvereinbarung können der jeweilige **Betriebsrat**, ein **Gesamtbetriebsrat** oder ein **Konzernbetriebsrat** zuständig sein. Grundsätzlich gilt, dass stets der Betriebsrat zuständig ist, sofern nicht ausnahmsweise der Gesamtbetriebsrat gem. § 50 Abs. 1 S. 1 BetrVG oder der Konzernbetriebsrat gem. § 58 Abs. 1 S. 1 BetrVG zuständig ist.

Die Zuständigkeit von GBR und KBR kommt in Betracht, wenn zwingend eine **unternehmens- oder konzerneinheitliche** Regelung erforderlich ist. Dies ist dann der Fall, wenn eine KI in allen Einzelbetrieben in der gleichen Art und Weise und identischen Konfiguration eingeführt werden soll. Besteht eine solche Zuständigkeit nicht, können die Einzelbetriebsräte oder die einzelnen Gesamtbetriebsräte die Zuständigkeit durch **Beschluss** an den GBR oder den KBR übertragen, vgl. §§ 50 Abs. 2, 58 Abs. 2 BetrVG.

93. Kann der Abschluss einer KI-Rahmenbetriebsvereinbarung erzwungen werden?

Nein. Bei einer Rahmenbetriebsvereinbarung handelt es sich in der Regel um eine **freiwillige Betriebsvereinbarung** (vgl. § 88 BetrVG), die nicht erzwingbar ist. Denkbar ist, dass sich die Betriebsparteien darauf verständigen, dass im Falle einer Nichteinigung eine Einigungsstelle zusammenkommen soll und ggf. sogar eine Entscheidung durch Spruch herbeiführen darf. Ohne eine solche Absprache können die Verhandlungen über eine Rahmenbetriebsvereinbarung auch ohne Ergebnis zu Ende gehen.

94. Welche Inhalte sollte eine KI-Betriebsvereinbarung haben?

Eine KI-Betriebsvereinbarung dient der Mitbestimmung des Betriebsrats bei der Einführung eines **konkreten KI-Systems**. Der Inhalt der Betriebsvereinbarung muss sich daher immer an dem jeweiligen System orientieren.

Allgemein sind bei einer solchen Betriebsvereinbarung insbesondere folgende Inhalte zu berücksichtigen:

- räumlicher, persönlicher und sachlicher Anwendungsbereich,
- Zwecke der Datenverarbeitung durch das KI-System und Aufschlüsselung der verarbeiteten Daten,
- vollständige Systembeschreibung des KI-Systems,
- Verbot oder Regelung von Leistungs- und Verhaltenskontrollen,
- Präzisierung von Kontroll- und Informationsrechten des Betriebsrats,
- Umgang mit Änderungen am KI-System (→ *Frage 97: Wie kann der Umgang mit Änderungen an einem KI-System geregelt werden?*),
- ggf. Rechte der Arbeitnehmer.

95. Welche Inhalte kann eine KI-Rahmenbetriebsvereinbarung haben?

Hinsichtlich der Inhalte einer Rahmenbetriebsvereinbarung sind die Betriebsparteien in hohem Maße frei und können unterschiedlichste Regelungsbereiche behandeln. Neben den Regelungsinhalten einer KI-Betriebsvereinbarung (→ *Frage 94: Welche Inhalte sollte eine KI-Betriebsvereinbarung haben?*) kommen insbesondere folgende Inhalte in Betracht:

- Ethik-Richtlinien für den Umgang mit KI,
- Ausschluss bestimmter Anwendungsbereiche von KI (zB Emotionserkennung),
- Regelung des Mitbestimmungsverfahrens bei der Einführung von KI und Kategorisierung von KI-Systemen,
- Regelung der Mitbestimmung bei Änderungen an einem KI-System,
- Präzisierung von Unterrichtungs- und Beratungsrechten,
- allgemeine Begrenzung oder Ausschluss von Leistungs- und Verhaltenskontrollen,
- Regelung eines ständigen KI-Sachverständigen für den Betriebsrat (→ *Frage 45: Hat der Betriebsrat Anspruch auf die Hinzuziehung eines ständigen KI-Sachverständigen?*),
- Qualifizierungskonzepte für Arbeitnehmer.

Praxistipp

Eine KI-Rahmenbetriebsvereinbarung kann eine tragfähige Grundlage für einen verantwortungsbewussten Einsatz von KI im Betrieb darstellen. Für den Betriebsrat kann die Rahmenbetriebsvereinbarung wichtige Eckpunkte bei der Einführung und dem Einsatz von KI absichern. So kann zB von vornherein ausgeschlossen werden, dass bestimmte Anwendungsfelder von KI zum Einsatz kommen. Eine Rahmenbetriebsvereinbarung kann im Ergebnis die Akzeptanz von KI bei den Arbeitnehmern erhöhen. Zugleich können die Betriebsparteien Verfahren verabreden, die das Mitbestimmungsverfahren bei der Einführung und Anwendung von KI für beide Seiten erleichtern.

→ *Muster 4: Mögliche Regelungen einer KI-Rahmenbetriebsvereinbarung*

96. Können durch Betriebsvereinbarung bestimmte Anwendungsbereiche von KI untersagt werden?

Es steht den Betriebsparteien grundsätzlich frei, die Einführung von KI im Betrieb und deren Grenzen einvernehmlich zu regeln. Neben den in der KI-VO vorgesehenen **verbotenen Praktiken** (Art. 5 KI-VO) können die Betriebsparteien auch einvernehmlich weitere Anwendungsbereiche bzw. Arten von KI-Systemen ausschließen. Es ist den Betriebsparteien also möglich, strengere Vorgaben an die Nutzung von KI im Betrieb zu regeln, als dies im Gesetz vorgesehen ist. In der Regel wird der Betriebsrat aber nicht den Verzicht auf bestimmte Anwendungsbereiche im Wege der Einigungsstelle erzwingen können.

97. Wie kann der Umgang mit Änderungen an einem KI-System geregelt werden?

Unterliegen KI-Systeme der Mitbestimmung – insbesondere nach § 87 Abs. 1 Nr. 6 BetrVG – können auch Änderungen am System der Mitbestimmung unterliegen. Eine **mitbestimmungspflichtige Änderung** liegt dann vor, wenn die Änderung zu einer Intensivierung oder Veränderung der Überwachung(-smöglichkeit) führt oder der Kreis der überwachten Arbeitnehmer sich ändert (ErfK/Kania BetrVG § 87 Rn. 59).

Beim Einsatz von KI kann sich das Problem stellen, dass aufgrund der Selbstlernfunktion der Anwendungen „Änderungen" nicht mehr ohne Weiteres festgestellt werden können. Es kann hinzukommen, dass die Änderungen in einer Geschwindigkeit erfolgen, die eine rechtzeitige Mitbestimmung erheblich erschwert. Dies gilt selbstverständlich nicht, wenn mitbestimmungspflichtige Systemänderungen ohne Weiteres nachvollziehbar sind. Es bleibt grundsätzlich dabei, dass der Arbeitgeber verpflichtet ist, die Zustimmung des Betriebsrats vor einer mitbestimmungspflichtigen Systemänderung einzuholen.

Im Übrigen bietet es sich insoweit an, dass sich die Betriebsparteien über ein **Verfahren** einigen, dass die Mitbestimmung bei Änderungen absichert. Eine derartige Einigung kann zB beinhalten:

- umfassende eigene Systemzugänge für den Betriebsrat,
- regelmäßige Berichtspflichten des Arbeitgebers zum (technischen) Stand des KI-Systems,
- Kategorisierung von Systemänderungen und Regelung des zutreffenden Beteiligungsverfahrens des Betriebsrats (Information/Mitbestimmung),
- Bildung paritätischer Kommissionen zur Beurteilung von Änderungen.

XI. KI und Betriebsratstätigkeit

In diesem Kapitel wird dargestellt, wie der Betriebsrat KI für seine eigene Arbeit nutzen kann und welche Rechte ihm dabei zustehen. Behandelt werden die Fragen, ob der Betriebsrat Anspruch auf die Bereitstellung von KI-Systemen sowie Schulungsansprüche zum Thema KI hat. Zudem wird erläutert, ob KI-Themen in einem Ausschuss gebündelt werden können und welche Aufgaben ein solcher Ausschuss übernehmen darf.

98. Darf der Betriebsrat KI für seine Betriebsratstätigkeit nutzen?

Als **Unterstützungsinstrument** im Rahmen der Betriebsratsarbeit kommt auch der Einsatz von KI, zB ChatGPT, in Betracht. Allerdings darf die eingesetzte KI nur unterstützen und nie den Meinungsbildungsprozess im Betriebsrat oder gar die Beschlussfassung des Betriebsrats ersetzen (Schubert/Schaumberg BRuR 2024, 41).

Soweit die KI als technisches Hilfsmittel eingesetzt wird und dabei mit personenbezogenen Daten (zB Namen und Sozialdaten von Arbeitnehmern) in Berührung kommt, sind die **Vorgaben des Datenschutzes** zu beachten und einzuhalten (→ *Betriebsratsarbeit digital / Frage 93: Inwieweit muss der Betriebsrat bei seiner Tätigkeit die Vorgaben des Datenschutzes beachten?*). Bei der Verarbeitung von Daten, die als **Betriebs- bzw. Geschäftsgeheimnis** einzustufen sind, sind darüber hinaus die besonderen Geheimhaltungspflichten aus § 79 Abs. 1 BetrVG zu beachten.

Praxistipp

Auch wenn der Arbeitgeber dem Betriebsrat für die Betriebsratstätigkeit KI zur Verfügung stellt, sollte diese für zentrale Aspekte der Betriebsratstätigkeit zurückhaltend angewandt werden. Insbesondere dann, wenn der Betriebsrat Beschlüsse fasst, die im Zweifel einer gerichtlichen Überprüfung standhalten müssen (zB bei personellen Einzelmaßnahmen, Einsetzung einer Einigungsstelle oder Kündigungen), sollte KI nicht im Rahmen der Beschlussfassung eingesetzt und darauf geachtet werden, dass die eingesetzte KI nur unterstützend als technisches Hilfsmittel zum Einsatz kommt. In keinem Fall darf der KI die Beschlussfassung „übertragen" werden.

99. Hat der Betriebsrat Anspruch auf die Zurverfügungstellung eines KI-Systems?

Ein Anspruch auf Zurverfügungstellung kann sich aus § 40 Abs. 2 BetrVG ergeben (→ *Betriebsratsarbeit digital / Frage 20: Welche Software kann der Betriebsrat beanspruchen?*). Zwingende Voraussetzung ist aber auch hier, dass das gewünschte KI-System für den jeweiligen Betriebsrat tatsächlich **erforderlich** ist. Die Erforderlichkeit ist nicht nach den subjektiven Bedürfnissen, sondern anhand der betrieblichen Gegebenheiten und der sich stellenden Aufgaben zu bestimmen. Insoweit kann auch das **Ausstattungsniveau** des Arbeitgebers relevant sein (vgl. Müller/Becker/Funke/Becker, KI im Arbeitsverhältnis, § 4 Rn. 100 mwN).

100. Kann die Nutzung eines KI-Systems Auswirkungen auf die Erforderlichkeit der Betriebsratstätigkeit haben?

Der Einsatz von KI bei der Betriebsratstätigkeit kann zur Folge haben, dass der für die Wahrnehmung der Betriebsratsaufgaben erforderliche **Zeitaufwand sinkt** und damit die Frage aufwerfen, ob die Tätigkeit des Betriebsrats noch im bisherigen zeitlichen Umfang erforderlich ist. Dies haben der Betriebsratsvorsitzende bzw. die einzelnen Betriebsratsmitglieder eigenverantwortlich zu prüfen. Der Arbeitgeber hat hier nur ein beschränktes Prüfrecht. Im Streitfall ist auf die **Sicht eines „vernünftigen Dritten"** abzustellen (vgl. Müller/Becker/Funke/Becker, KI im Arbeitsverhältnis, § 4 Rn. 103 mwN).

Praxistipp

Stellt der Arbeitgeber dem Betriebsrat für die Betriebsratstätigkeit KI-Anwendungen zur Verfügung, deren (unterstützender) Einsatz den Zeitaufwand zur Erledigung bereits wahrgenommener Betriebsratsaufgaben reduziert, und bleibt daraufhin der Umfang der Betriebsratstätigkeit unverändert, können Zweifel an der Erforderlichkeit hinsichtlich des (zeitlichen) Umfangs der Betriebsratstätigkeit entstehen. Hier kann es dem Betriebsrat obliegen, dem Arbeitgeber auf Anfrage eine zumindest grobe Auskunft über den Inhalt und Umfang der tatsächlich angefallenen Betriebsratsaufgaben zu geben.

101. Besteht ein spezieller Schulungsanspruch für Betriebsratsmitglieder?

Nach § 37 Abs. 6 BetrVG besteht allgemein ein Anspruch auf Arbeitsbefreiung für Fortbildungsveranstaltungen, soweit dort Kenntnisse vermittelt werden, die für die Arbeit des Betriebsrats **erforderlich** sind. Die Vermittlung von IT-Kompetenzen kann nach allgemeiner Ansicht Gegenstand einer erforderlichen Schulung sein (Fitting BetrVG § 37 Rn. 144). Gerade unter Berücksichtigung des in § 90 Abs. 1 Nr. 3 BetrVG verankerten Unterrichtungs- und Beratungsrechts können nunmehr auch Seminare zu KI-Themen erforderlich sein (Müller/Becker/Funke/Becker, KI im Arbeitsverhältnis, § 4 Rn. 16 mwN). Mangels Erforderlichkeit wird ein Schulungsanspruch allerdings im Regelfall dann entfallen, wenn

- im Betrieb überhaupt **keine KI-Anwendung zum Einsatz kommt** oder
- der Betriebsrat für einen konkreten Einzelfall bereits Unterstützung durch einen **KI-Sachverständigen** gem. § 80 Abs. 3 BetrVG hat.

102. Kann der Betriebsrat die Behandlung von KI-Themen in einem Ausschuss bündeln?

In Betrieben mit mehr als 100 Arbeitnehmern kann der Betriebsrat Aufgaben zur selbstständigen Erledigung auf Ausschüsse übertragen (§ 28 Abs. 1 BetrVG). Soweit in einem solchen Betrieb in erheblichen Umfang KI zum Einsatz kommt, bietet sich daher die **Bildung eines KI-Ausschusses** an. Dies erfordert einen entsprechenden Betriebsratsbeschluss, in dem neben der Bildung an sich auch die Mitgliederzahl des Ausschusses festgelegt wird (Müller/Becker/Funke/Becker, KI im Arbeitsverhältnis, § 4 Rn. 106 mwN).

103. Welche Aufgaben kann ein KI-Ausschuss haben?

Je nach Inhalt des entsprechenden Betriebsratsbeschlusses können dem KI-Ausschuss u. a. folgende Aufgaben übertragen werden:

- Adressat der **Unterrichtung und Beratung** gem. § 90 Abs. 1 Nr. 3 BetrVG (→ *Frage 35: Über was muss der Arbeitgeber gem. § 90 Abs. 1 Nr. 3 BetrVG in Bezug auf KI unterrichten?*),
- Übernahme von **Überwachungsaufgaben** während des Einsatzes von KI im Betrieb,
- **Mitbestimmung** über Updates oder die Ergänzung von Anlagen einer Betriebsvereinbarung zu KI-Systemen.

Muster

Muster 1: Glossar

Nachfolgend werden grundlegende Begriffe im Zusammenhang mit Künstlicher Intelligenz kurz zum besseren Verständnis erläutert. Zum Teil wird bei den Erläuterungen auf andere Begriffserläuterungen im Glossar verwiesen (⟶).

AI	Artificial intelligence (engl.) = Künstliche Intelligenz
AI-Act	engl. für KI-VO
Algorithmus	Handlungsvorschrift innerhalb einer Software zur Lösung eines Problems bzw. einer Aufgabe nach endlichen, vordefinierten Schritten.
Anbieter (eines KI-Systems)	Art. 3 Nr. 3 KI-VO: „Anbieter" ist eine natürliche oder juristische Person, Behörde, Einrichtung oder sonstige Stelle, die ein KI-System oder ein KI-Modell mit allgemeinem Verwendungszweck entwickelt oder entwickeln lässt und es unter ihrem eigenen Namen oder ihrer Handelsmarke in Verkehr bringt oder das KI-System unter ihrem eigenen Namen oder ihrer Handelsmarke in Betrieb nimmt, sei es entgeltlich oder unentgeltlich. Arbeitgeber können dann Anbieter von KI sein, wenn sie selbst KI entwickeln und auch im eigenen Betrieb einsetzen.
Betreiber (eines KI-Systems)	Art. 4 Nr. 4 KI-VO: „Betreiber" ist eine natürliche oder juristische Person, Behörde, Einrichtung oder sonstige Stelle, die ein KI-System in eigener Verantwortung verwendet, es sei denn, das KI-System wird im Rahmen einer persönlichen und nicht beruflichen Tätigkeit verwendet. Arbeitgeber sind beim Einsatz von KI im Betrieb häufig Betreiber iSd KI-VO.
Bias	Begriff aus dem Englischen (Voreingenommenheit). Von bias wird bei KI gesprochen, wenn diese mit „problematischen" Trainingsdaten trainiert wurde und sich dadurch eine Voreingenommenheit gegenüber Arbeitnehmenden mit bestimmten Merkmalen und damit verbundene Diskriminierungsrisiken ergeben.
Big Data / Big Data Analytics	Analyse großer Datenmengen zur Generierung neuer Informationen oder Zusammenhänge. Derartige Analysen werden zum Training von KI eingesetzt oder können selbst von KI durchgeführt werden.
Blackbox	Beschreibt das Problem, dass Ergebnisse, zu denen ein KI-System gelangt, nicht oder nicht vollends erklärbar sind.
Chatbot	Benutzerschnittstelle zur Interaktion mit KI-Systemen in natürlicher Sprache
ChatGPT	KI-System, das auf den GPT KI-Modellen von Open AI beruht; mit dieser generativen KI können durch ⟶ Prompts Texte bzw. Bilder erzeugt werden. Es handelt sich um ein ⟶ LLM.
Cloud-Computing	Dezentrale Bereitstellung von Hard- und Software (IT-Leistungen) durch Drittunternehmen, sodass diese nicht mehr selbst beim Nutzer (hier: Arbeitgeber) vorgehalten werden.
Data Mining	Automatische Analyse von einzelnen oder mehreren digitalen oder digitalisierten Werken zur Informationsgewinnung (§ 44b Abs. 1 UrhG). Kann zum Training von KI-Systemen eingesetzt werden.

Deep Fake	Durch KI erzeugte oder manipulierte Bild-, Video- oder Toninhalte, die fälschlicherweise als echt oder wahrheitsgemäß erscheinen, Art. 3 Nr. 60 KI-VO.
Deep Learning	Unterkategorie des maschinellen Lernens, das sich dadurch auszeichnet, komplexe Muster in großen Datenmengen zu erkennen.
Halluzination / halluzinieren	Das Risiko einer KI, Inhalte zu generieren bzw. auf Quellen wie zB Gutachten, Urteile, Gesetze zu verweisen, die plausibel wirken, aber einer tatsächlichen Grundlage entbehren oder überhaupt nicht der Realität entsprechen. Die KI kann also Inhalte verfälschen oder komplett erfinden, ohne dass dies auf den ersten Blick auffällt.
Human-in-the-Loop (HITL)Human in the Loop	Prinzip bei der Anwendung von automatisierten Entscheidungssystemen, wonach zwingend ab einem bestimmten Prozesszeitpunkt eines automatisierten Prozesses eine menschliche Interaktion (zB Entscheidung, Kontrolle etc.) erforderlich ist, um Sicherheit, Genauigkeit und Verantwortlichkeit bei autonomen Entscheidungssystemen sicherzustellen
KI-Kompetenz	Ist in Art. 4 KI-VO geregelt. Danach sind Anbieter und Betreiber von KI-Systemen verpflichtet, Maßnahmen zu ergreifen, um nach besten Kräften sicherzustellen, dass ihr Personal und andere Personen, die in ihrem Auftrag mit dem Betrieb und der Nutzung von KI-Systemen befasst sind, über ein ausreichendes Maß an KI-Kompetenz verfügen, wobei ihre technischen Kenntnisse, ihre Erfahrung, ihre Ausbildung und Schulung und der Kontext, in dem die KI-Systeme eingesetzt werden sollen, sowie die Personen oder Personengruppen, bei denen die KI-Systeme eingesetzt werden sollen, zu berücksichtigen sind.
KI-System	Begriff aus der KI-VO, der dort in Art. 3 Nr. 1 näher definiert ist.
KI-VO	Verordnung über Künstliche Intelligenz = Verordnung (EU) Nr. 2024/1689 des Europäischen Parlaments und des Rates vom 13.6.2024 zur Festlegung harmonisierter Vorschriften für künstliche Intelligenz.
LLM	engl. für LLM Large Language Model (großes Sprachmodell). Dabei handelt es sich um eine Art von KI, die darauf trainiert ist, Text bzw. Sprache zu verstehen, zu verarbeiten und selbst zu erzeugen, zB → ChatGPT.
Machine Learning	„Maschinelles Lernen" ist zentraler Bestandteil von KI-Systemen und meint das Training von Algorithmen darauf, in großen Datenmengen Muster und Korrelationen zu finden. Ist die Oberkategorie des → Deep Learning.
Matrixstruktur	Für diesen Begriff gibt es keine gesetzliche Definition. Die Matrixstruktur ist eine überwiegend in Konzernen vorzufindende Organisationsform, die von einer Mehrlinigkeit der Leitungsstruktur gekennzeichnet ist. Dabei werden häufig funktions-, produktsparten- oder regionsbezogene Bereiche von sog. Matrixmanagern geleitet, die für ihren Bereich bzw. die dort beschäftigten Arbeitnehmer betriebsübergreifende, idR konzernweite Entscheidungen treffen.
Nudging	Bezeichnet das bewusste Beeinflussen von menschlichen Entscheidungen durch eine bestimmte Gestaltung der Entscheidungsgrundlage (zB Hervorheben von Auswahlbuttons). Die Entscheidung bleibt dennoch frei.
Opazitätsrisiko	Meint die schwierige Nachvollziehbarkeit von Entscheidungen eines KI-Systems, s. a. → Blackbox
People Analytics	Betrifft → Big Data Analytics im Bereich der Personalverwaltung
Profiling	Darunter fällt nach Art. 4 Nr. 4 DS-GVO „jede Art der automatisierten Verarbeitung personenbezogener Daten, die darin besteht, dass diese personenbezogenen Daten

	verwendet werden, um bestimmte persönliche Aspekte, die sich auf eine natürliche Person beziehen, zu bewerten, insbesondere um Aspekte bezüglich Arbeitsleistung, wirtschaftliche Lage, Gesundheit, persönliche Vorlieben, Interessen, Zuverlässigkeit, Verhalten, Aufenthaltsort oder Ortswechsel dieser natürlichen Person zu analysieren oder vorherzusagen". Profiling spielt regelmäßig im Rahmen von Big Data Analysen (→ Big Data Analytics) aber auch bei → People Analytics eine Rolle.
Prompt	Engl. für Aufforderung. Beschreibt eine Eingabe, die als Handlungsanweisung für generative KI-Modelle (zB → ChatGPT) zur Erzeugung von Texten oder Bildern dient.
SaaS	„Software as a service" ist eine Unterkategorie des → Cloud-Computing und meint die Bereitstellung von Software über ein Cloudsystem
Scoring	Entscheidungsverfahren auf einer mathematisch-statistischen Basis, das u. a. bei der Bewerberauswahl eingesetzt werden kann
Voice Cloning	Täuschend echte Nachbildung menschlicher Stimmen aufgrund von Tonausschnitten durch ein KI-System. Dies kann einen → Deep Fake darstellen.

Muster 2: Klassifizierung von KI-Systemen nach Risikogruppen der KI-VO - Überblick

KI-System	Risikogruppe	Gegenstand des Systems / wesentliche Pflichten	Beispiele
KI-Systeme mit unannehmbarem Risiko / Verbotene KI-Praktiken (Art. 5 KI-VO)	unzulässiges Risiko	KI-Systeme, die in einem nicht hinnehmbaren Widerspruch zu den Werten und Grundrechten der EU stehen. Gemäß Art. 5 KI-VO sind u. a. verboten: • manipulative KI-Systeme, die gezielt menschliches Verhalten negativ beeinflussen oder manipulieren • KI-Systeme zur Kontrolle von Emotionen am Arbeitsplatz (zB zur Erkennung von Übermüdung an nicht sicherheitsrelevanten Arbeitsplätzen), • Social Scoring Systeme, dh KI-Systeme, mit denen Arbeitnehmer anhand ihres sozialen Verhaltens analysiert und bewertet werden. Es besteht die Pflicht der Arbeitgeber, derartige KI nicht einzusetzen.	• Affectiva: Emotion-KI, die in der Lage ist, menschliche kognitive und emotionale Zustände zu erkennen • HireVue: KI, die Gesichtsausdrücke und verbale Daten von Interviewten analysiert
Hochrisiko-KI-Systeme (Art. 6 KI-VO)	hohes Risiko	KI-Systeme mit einem hohen Risiko für die Gesundheit, Sicherheit und Grundrechte von Personen, darunter insbesondere die im Anhang III der KI-VO genannten KI-Systeme wie Systeme zur Sichtung bzw. zum Filtern von Bewerbungsunterlagen. Es gibt hier eine starke Regulierung und damit verbundene besondere Pflichten für den Arbeitgeber. Deren Umfang richtet sich in erster Linie danach, ob der Arbeitgeber Betreiber und/oder Anbieter des KI-Systems ist.	IBM watsonx Assistent: Chatbot, der im Gesundheitswesen eingesetzt wird
KI-Systeme mit begrenztem Risiko	begrenztes Risiko	KI-Systeme, von denen nur ein begrenztes Risiko für EU-Grundrechte bzw. die Sicherheit ausgeht. Hier sind – je nachdem, ob der Arbeitgeber Betreiber und/oder Anbieter des Systems ist – Transparenzpflichten zu erfüllen. So müssen zB die Arbeitnehmer darüber informiert werden, dass sie mit einer KI (Chatbot) und nicht mit einem Menschen interagieren	• ChatGPT: Chatbot von OpenAI, bei dem Nutzende Fragen stellen (Prompt) und Antworten in Form von Text bzw. Bildern erhalten • Gemini (Google): Chatbot von Google • Microsoft Copilot: Chatbot von Microsoft • Luminous: Chatbot von Aleph Alpha • IBM watsonx Assistent: Chatbot, der im Gesundheitswesen eingesetzt wird

KI-Systeme mit minimalem Risiko	minimales Risiko	Darunter fallen KI-Systeme, mit denen nur ein geringes Risiko für EU-Grundrechte bzw. die Sicherheit verbunden ist. Hier bestehen keine besonderen Verpflichtungen, aber allgemeine Pflichten, zB Förderung der KI-Kompetenz nach Art. 4 KI-VO. Freiwillige Verhaltensregelungen, zB hinsichtlich Transparenz, sind möglich.	Spamfilter

Muster 3: Mögliche Regelungen einer KI-Betriebsvereinbarung

Die nachfolgende Übersicht gibt einen Überblick über mögliche Regelungsgegenstände einer Betriebsvereinbarung zur Einführung eines konkreten KI-Systems. Eine solche Vereinbarung muss nicht zwingend sämtliche Regelungen enthalten. Im Einzelfall kann auch die Aufnahme weiterer Regelungsinhalte zweckmäßig sein.

Regelungsbereich	**Inhalte**
Präambel	• Erläuterung der Ziele der KI-Betriebsvereinbarung, zB Zweck des einzuführenden KI-Systems und wesentliche Anwendungsbereiche
Geltungsbereich / Regelungsgegenstand	• Sachlicher, persönlicher und örtlicher/räumlicher Anwendungsbereich der Betriebsvereinbarung
Begriffsbestimmungen	• Definition der technischen Begriffe, die in der Vereinbarung verwendet werden, um Auslegungsschwierigkeiten zu vermeiden (→ *Muster 1: Glossar*) • Alternativ oder zusätzlich: Verweis auf die Begriffsbestimmungen der KI-VO (→ *Frage 4: Welche rechtlichen Grundlagen gelten für den Einsatz von KI?*)
Systembeschreibung / Funktionsweise	• Vollständige Beschreibung des einzuführenden Systems entsprechend des aktuellen Systemstandes, zB durch eine Betriebsanleitung iSv Art. 13 KI-VO • Erläuterung der konkreten Funktionsweise der KI bzw. des Algorithmus • Sofern zutreffend: Beschreibung der weiteren eingesetzten Hard- und Software
Trainingsdaten	• Regelung zum Umgang mit Trainingsdaten • Ggf. Ausschluss von (bestimmten oder allen) Arbeitnehmerdaten als Trainingsdaten
Arbeits- und Gesundheitsschutz	• Eckpunkte zur Durchführung einer Gefährdungsbeurteilung für das System, sofern Arbeits- und Gesundheitsschutz nicht separat geregelt sind
Datenschutz	• Erfassung der verarbeiteten personenbezogenen Daten und deren Verwendungszweck • Definition von Zugriffsberechtigungen • Beschreibung der Server- und Speicherlandschaft • Beschreibung einer Auftragsdatenverarbeitung
Leistungs- und Verhaltenskontrolle	• Regelungen zu Art und Umfang einer Leistungs- und Verhaltenskontrolle oder • Ausschluss/Beschränkung einer Leistungs- und Verhaltenskontrolle
Qualifizierung von Arbeitnehmern	• Verpflichtung des Arbeitgebers zur ausreichenden Schulung und Unterrichtung von Arbeitnehmern vor Inbetriebnahme von KI-Systemen (→ *Frage 19: Besteht eine Pflicht des Arbeitnehmers zur KI-Weiterbildung bzw. KI-Qualifizierung?*) • Aufstellung eines Qualifizierungsplans
Kontrollrechte des Betriebsrats / Sachverstand	• Vereinbarung über die Art und Weise der Ausübung der Kontrollrechte durch den Betriebsrat, zB durch eigenständige Zugriffsrechte oder regelmäßige Reports • Ausgestaltung der Unterrichtungspflichten des Arbeitgebers gegenüber dem Betriebsrat • Vereinbarung von Rahmenbedingungen für die Hinzuziehung eines (ständigen) Sachverständigen durch den Betriebsrat
Konfliktregelung	• Vereinbarung von Rahmenbedingungen für eine Einigungsstelle (Vorsitz, Vorsitz im Verhinderungsfall und Anzahl Beisitzer)
Schlussbestimmungen	• Laufzeit der Vereinbarung • Kündigungsfrist • Nachwirkung • salvatorische Klausel

Muster 4: Mögliche Regelungen einer KI-Rahmenbetriebsvereinbarung

Die nachfolgende Übersicht gibt einen Überblick über mögliche Regelungsgegenstände einer KI-Rahmenbetriebsvereinbarung. Eine solche Vereinbarung muss nicht zwingend sämtliche Regelungen enthalten. Im Einzelfall kann auch auch die Aufnahme weiterer Regelungsinhalte zweckmäßig sein.

Regelungsbereich	**Inhalte**
Präambel	• Erläuterung des Ziel der Vereinbarung, zB Vereinfachung der Mitbestimmung, Etablierung von Standards bei der KI-Nutzung, Erhöhung der Akzeptanz von KI in der Belegschaft.
Geltungsbereich / Regelungsgegenstand	• Regelung des Geltungsbereiches der Vereinbarung. Hier können zB auch bestimmte Betriebsabteilungen von der Geltung ausgenommen werden. • Präzisierung des Regelungsgegenstandes, zB auf eigenständige KI-Systeme, die nicht untergeordneter Bestandteil einer Standardsoftware sind.
Begriffsbestimmungen	• Definition der technischen Begriffe, die in der Vereinbarung verwendet werden, um Auslegungsschwierigkeiten zu vermeiden (→ *Muster 1: Glossar*). • Alternativ oder zusätzlich: Verweis auf die Begriffsbestimmungen der KI-VO (→ *Frage 4: Welche rechtlichen Grundlagen gelten für den Einsatz von KI?*).
Ethikrichtlinien Anwendungsvoraussetzungen Ausschluss von Funktionen Systemdokumentation	• Einigung über grundlegende Fragen zum Einsatz von KI im Betrieb. • Ausschluss bestimmter Funktionen bzw. Arten von KI-Systemen, zB Emotionserkennung, Verarbeitung von biometrischen Daten, Echtzeitüberwachung. • Klarstellung des Vorbehalts menschlicher Letztentscheidungen gem. Art. 22 DSGVO (→ *Frage 14: Dürfen Arbeitgeberentscheidungen mittels KI automatisiert werden?*). • Regelung über Art und Umfang der Dokumentation von KI-Systemen.
Einstufung von KI-Systemen KI-Verzeichnis	• Verständigung über Einstufungssystem von KI-Systemen, aus dem der Umfang der Mitbestimmung abgeleitet wird. Merkmale für die Einstufung können zB die Verarbeitung (besonderer) personenbezogener Daten oder die Intensität der möglichen Leistungs- und Verhaltenskontrolle sein. Abhängig von der Einstufung kann dann zB nur ein Informationsrecht des Betriebsrats bestehen oder auch eine eigenständige Mitbestimmung über das System erforderlich werden. • Einführung eines KI-Verzeichnisses über alle im Betrieb angewendeten bzw. zugelassenen KI-Systeme mit Systemdokumentation.
Leistungs- und Verhaltenskontrolle	• Allgemeine Regelungen zu möglichen Leistungs- und Verhaltenskontrollen durch KI-Systeme (→ *Frage 16: Kann KI vom Arbeitgeber zur Arbeitnehmerüberwachung eingesetzt werden?*; → *Frage 58: Kann durch KI eine Leistungs- und Verhaltenskontrolle stattfinden?*). • Ausschluss bestimmter Arten von Leistungs- und Verhaltenskontrolle, zB Echtzeitüberwachung.
Bildung einer gemeinsamen KI-Arbeitsgruppe / eines KI-Ausschusses	• Bildung einer paritätischen Arbeitsgruppe, in der schnell und direkt KI-Themen behandelt werden, zB als gemeinsamer Ausschuss gem. § 28 Abs. 2 BetrVG. Die Arbeitsgruppe oder der Ausschuss können dazu dienen, den Betriebsrat immer aktuell zu unterrichten und Vorabstimmungen über die Einführung von KI-Systemen durchzuführen.
Kontroll- und Zugriffsrechte Überwachung der KI	• Regelung der Art und Weise, wie der Betriebsrat seine Kontrollrechte ausüben kann, zB durch eigenständige Zugriffsrechte oder regelmäßige Reports. Es kann auch geregelt werden, was dem Betriebsrat im Rahmen der Unterrichtung über ein KI-System oder

	über Änderungen an einem System regelmäßig mitzuteilen ist (→ *Frage 33: Worüber muss der Arbeitgeber gem. § 80 Abs. 2 BetrVG in Bezug auf KI unterrichten?*). • Vereinbarung des „Human-in-the-Loop"-Prinzips, wonach zwingend ab einem bestimmten Zeitpunkt eines automatisierten Prozesses eine menschliche Interaktion, zB Entscheidung oder Kontrolle, erforderlich ist, um Sicherheit, Genauigkeit und Verantwortlichkeit bei autonomen Entscheidungssystemen sicherzustellen.
Experimentierklausel	• Verständigung darüber, dass alle oder nur bestimmte KI-Systeme nicht unmittelbar im laufenden Betrieb eingesetzt, sondern zunächst nur unter Praxisbedingungen in einem geschützten Rahmen getestet werden. Die hierbei gewonnenen Erkenntnisse können dann in den weiteren Einführungsprozess einfließen.
Qualifizierung von Arbeitnehmern	• Verpflichtung des Arbeitgebers zur ausreichenden Schulung und Unterrichtung von Arbeitnehmern vor Inbetriebnahme von KI-Systemen (→ *Frage 19: Besteht eine Pflicht des Arbeitnehmers zur KI-Weiterbildung bzw. KI-Qualifizierung?*; → *Frage 46: Welche Bedeutung hat KI im Bereich der beruflichen Bildung?*). • Sicherstellen der KI-Kompetenz (→ *Frage 4: Welche rechtlichen Grundlagen gelten für den Einsatz von KI?*; → *Frage 19: Besteht eine Pflicht des Arbeitnehmers zur KI-Weiterbildung bzw. KI-Qualifizierung?*).
Ständiger Sachverständiger	• Anspruch des Betriebsrats auf Hinzuziehung eines ständigen KI-Sachverständigen, falls ein umfangreicher Einsatz von KI-Systemen oder der Einsatz von technisch komplexen KI-Systemen geplant ist (→ *Frage 45: Hat der Betriebsrat Anspruch auf die Hinzuziehung eines ständigen KI-Sachverständigen?*). • Modalitäten der Hinzuziehung und Einsatzbereiche des Sachverständigen.
Beschäftigungsschutz	• Verständigung über präventive Schutzmaßnahmen für die Arbeitnehmer aufgrund der möglichen erheblichen Auswirkungen von KI-Systemen auf den Beschäftigungsbedarf bzw. die Art und Weise der Beschäftigung. • (Befristete) Entgeltsicherung bei Umgruppierungen, die aufgrund der Einführung von KI-Systemen erforderlich sind (→ *Frage 17: Hat der Einsatz von KI im Betrieb Auswirkungen auf die Vergütung der Arbeitnehmer?*; → *Frage 80: Kann die Einführung eines KI-Systems Auswirkungen auf die Eingruppierung haben?*). • (Befristeter) Verzicht auf betriebsbedingte Kündigungen, die aufgrund der Einführung von KI-Systemen erforderlich sind (→ *Frage 82: Welchen Einfluss kann KI auf die Mitbestimmung bei Kündigungen haben?*).
Schlussbestimmungen	• Laufzeit der Vereinbarung • Kündigungsfrist • Nachwirkung • Salvatorische Klausel

Muster 5: Auskunftsersuchen nach § 80 Abs. 2 BetrVG

Betriebsrat

An den Arbeitgeber

(Ort, Datum)

Betreff: Auskunft nach § 80 Abs. 2 BetrVG

Sehr geehrte Damen und Herren,

der Betriebsrat hat erfahren, dass arbeitgeberseitig geplant ist, im Betrieb ...... [Name] ein KI-System einzusetzen. Nach § 80 Abs. 2 BetrVG ist der Arbeitgeber verpflichtet, uns als Betriebsrat zur Durchführung unserer Aufgaben nach der Betriebsverfassung rechtzeitig und umfassend zu unterrichten.

Insbesondere besteht unsere Aufgabe darin, sicherzustellen, dass auch bei einem Einsatz von KI im Betrieb die zu Gunsten der Arbeitnehmer geltenden Gesetze, u. a. die Vorgaben nach dem BDSG, der DS-GVO und der KI-VO, eingehalten werden. Vor diesem Hintergrund bitten wir hinsichtlich des KI-Systems zunächst um

- eine konkrete Beschreibung des geplanten KI-Systems
- die Angabe der vollständigen Systembezeichnung, des Herstellers und Anbieters des KI-Systems

sowie um die Beantwortung folgender Fragen nebst Zurverfügungstellung entsprechender Unterlagen:

1. Zu welchem Zweck soll das KI-System eingesetzt werden?
2. Ändern sich hierdurch Arbeitsabläufe oder konkrete Arbeitsaufgaben und wenn ja, in welcher Art und Weise und welchem Umfang?
3. In welchen Arbeitsbereichen soll das System zur Anwendung kommen?
4. Ist mit Auswirkungen auf den Beschäftigungsbedarf oder dem Beschäftigungsumfang von Arbeitnehmern zu rechnen und wenn ja, in welchem Umfang?
5. Welche Daten werden durch das KI-System verarbeitet und hat der Arbeitgeber Zugriff auf die Daten oder das Verarbeitungsergebnis?
6. Werden personenbezogene Daten durch das KI-System verarbeitet und wenn ja, welche und zu welchem Zweck?
7. Ermöglicht der Einsatz des KI-Systems eine Leistungs- und/oder Verhaltenskontrolle?
8. Liegt für das KI-System eine aktuelle, vom Anbieter des Systems verfasste Betriebsanleitung vor?
9. Handelt es sich bei dem KI-System um ein solches iSv Art. 3 Nr. 1 KI-VO, wenn ja, welcher Risikostufe iSd KI-VO ist das System zuzuordnen?
10. [......]

Für die Erteilung der Auskünfte durch (vollständige) Beantwortung der aufgeworfenen Fragen und Übersendung der Unterlagen haben wir uns den ...... [Datum] notiert.

Mit freundlichen Grüßen

____

(Unterschrift Betriebsratsvorsitzende/r)